シュタイナー・音楽療法

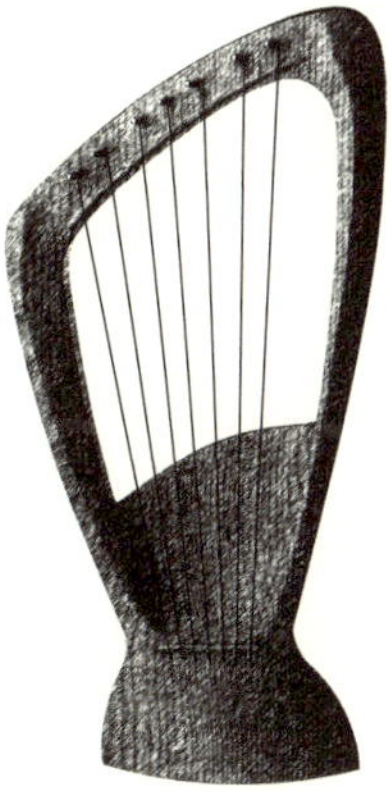

目次

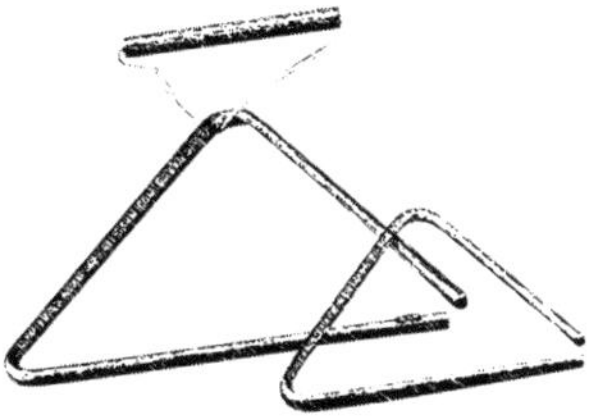

日本語版を刊行するにあたって

この書の存在を知ったのは、今から十年ほど前になります。ヴィッテンにあるヴァルドルフ教育教員養成所へ私の受講生とともに研修に訪れた時のことです。そこでドイツのある音楽療法士がこの書について、日本で翻訳出版される予定があるということを教えてくれました。私はとても楽しみにしていたのですが、何年もの間、刊行されることはありませんでした。

その後、翻訳者と出版社の方の訪問を受け、私もこの翻訳に関わることになりましたが、このような一連の流れが、とても偶然とは思えず不思議な縁を感じています。

この書は、音楽療法士の草分け的存在として長年にわたり働いてこられたカロリン・フィッサー女史の貴重な体験から生まれたものです。また、日本初のアントロポゾフィー（人智学）を基盤とした音楽療法の書として、待望の書ともいえるでしょう。

人智学とは、オーストリア出身の哲学者・ルドルフ・シュタイナーの思想で、その人間観に沿ってこの書は書かれています。その人間観の基本的な考え方について参考までに触れておきます。

人間を、まず三分節構造として精神（霊）、心（魂）、肉体とに分類してとらえます。これらの有機的な統一存在が人間であり、肉体以外の目に見えない働きも含めて人間観察をするとき、はじめて人間全体をみることが出来るという考え方です。

また、人間の本質を構成する要素を肉体(物質体として自然界の鉱物界と共有)、生命体(エーテル体・自然界の植物界と共有)、魂体（アストラル体・自然界の動物界と共有)、自我（自然界の存在から独立した自己意識をもつことの出来る人間の中心的存在）という四つに分類し、科学的にとらえています。それが、人智学が精神科学という名称でも呼ばれている所以です。

人智学による音楽療法は、人間の三分節構造の不調和をいかに調和させることが出来るかという役割を担っています。それは、人間の最も中心にある自我を強め、自己治癒力を養うことを手助けすることでもあります。

音楽療法士という仕事は、目の前に存在する患者自身をどのように理解出来るか、障がいや病をどのように把握出来るかなど、多くの困難と向き合わなければなりません。

そして、音楽療法士にとって何より大事なことは、目の前の患者と音楽療法士の間で生み出される音楽による創造的な行為であり、人間に対する畏敬の念と愛であると私は信じています。

この書が、私達音楽療法士の道しるべになることを心から願います。

二〇一四年　盛夏

竹田喜代子・スイスゲーテアヌム精神科学自由大学医学部門公認音楽療法士

まえがき

カロリン・フィッサーは、治癒への強い意志を持った女性です。この意志に、音楽の確かな知識と即興演奏の才能が結びついて、音楽療法を発展させる基礎が築かれました。

彼女が長年に渡り療育施設の保護され守られた環境の中で、子どもや青年と共に働いてきた経験を書き下ろすことでこの本が出来あがり、私達の手元に届くことになりました。この本は、一つひとつの音楽理論が、具体例にそって様々な角度から照らし出され検討されている貴重な本です。実際の治療にどのように応用出来るかについては、メルヘンや物語に音楽をつけていくという治療現場での体験を読み進めていくうちに、理解出来ることでしょう。

この本は人智学の人間観に基づいて書かれています。第一章では、さまざまな障がいと音楽療法による治療について、詳しく説明されています。そのためこの本は、治療教育者や、プロの演奏家ではないけれども音楽と関わる仕事をしている方々の参考書となり、その仕事のために繰り返し用いられ、新たなアイデアを与えてくれることでしょう。

人智学に基づいた治療教育がオランダで導入されたのは約六十年前で、そのとき系統的な音楽療法への歩みが始まりましたが、当時は未知の分野でした。

発達に障がいのある子どもや青年を教育し、支援する仕事を使命と考える人々のもとに、この本が届きますようにと願っております。

一九九七年　ベルナルト・リーベフット

はじめに

本書を書くにあたり、当初は、三十年間の経験から得た音楽療法の可能性を簡単にまとめることを考えていました。しかし書き進めるうちに、やはりこの種の本は、過去一〇〇〇年間にヨーロッパで起こった精神的変化と、それに伴う音楽の変遷に関する大枠があってこそ書けるのだと気がつきました。このような視点に立つと、現代の音楽文化を、古い形式と未来につながる形式が入り混じった色とりどりの姿と捉えることが出来ます。

ルドルフ・シュタイナーは、著書『音楽の本質』[*1]の講演録の中で、人類が遠い過去において音楽的にどのように発達して来たか、また、未来の音楽的体験がどのようになるかを説明しています。このように、遠い過去と遠い未来に目を向けて物事を深く考えることから、音楽療法の根拠を得ることが出来ます。人類の各発展段階において、空間と時間がどのような関係にあったかということは、耳で聞き取れる音にとって重要であり、この点を音楽療法の根拠とすることが出来ます。

このことは次のような事にもつながります。子どもが誕生してから性的に成熟するまでの間に、心理面において人類の発達の全過程をたどり、十四歳ごろに地上での成熟に達し、音楽的に成人となる、つまり、ひとりの人間として周囲との関係を構築出来るようになります。

このような観点に立つと、健常児が大人になるまでの音楽的な発達過程を説明する必要性も出てきます。現代では電子音楽の強い影響力が、音楽的発達を阻害するおそれがあります。十四歳までは、電子音楽に代わる音楽を与えたりすることは出来ますが、その後は、子どもが自ら選択出来るように、現代における音楽的選択肢についてのおおまかな知識を与えることしか出来ません。

本書は、第一章と第二章、そして巻末譜例集からなっています。第一章は、出発点として、人間の健康な状態と障がいの状態について書いてあります。人間の身体的発達過程を、精神的能力と関連づけて明らかにするために、人智学に基づいた人間観に関する簡単な解説も、所どころ付け加えました。さらに第一章には、いくつかの障がいと、それらに対して私が経験した音楽療法の可能性についても書かれています。

第二章は、音楽という広い分野が、音楽療法のために何を提供出来るのかを検討して、実例をあげながら音楽的手段を治療にどのように用いるかを説明します。この章は、動きから始める大人のための音楽療法の説明で締めくくられます。巻末譜例集には、私の長年に渡る仕事の中から生まれたメロディーや歌、モチーフがまとめられています。

私はまず、治療教育者、ソーシャルセラピスト、音楽療法士、医師、治療オイリュトミー療法士を念頭に置いて本書を書きましたが、それだけでなく、健常児や青年達と関わっている教師や音楽教師のことも考慮に入れました。健常児を教える教師達も生徒の偏りに出会うことがあるでしょう。なかには、人間学的認識と音楽的認識を結びつけることで、その偏りが是正可能な場合もあるでしょう。

また本書を書くにあたり私は、出来るだけ私自身の経験と、長年の間にいろいろと入れ替わりはありましたが、周囲の人々の経験とをもとにしました。通常とは異なる精神的、身体的発達によって、特別な疑問を投げかけてくれる人々は、新たな文化のありかたを指し示してくれるのかもしれません。彼らが単純な方法で、本物の音楽を奏でているときの集中力と没頭こそが、本書を書く動機となりましたが、またそれらは、次世代にとって、新しい音楽を発見するきっかけとなるかもしれません。
最後に、本書を書くにあたって、さまざまな形で協力して下さった方々に感謝を申しあげたいと思います。まず、半世紀に渡り考えられる限りの様々な音楽分野で共に活動してきた夫、ノルベルト・フィッサーに感謝します。とりわけ最初の治療用コロイ楽器は、彼との共同作業の賜物（たまもの）と言えます。しかし、多くの楽器製作者のことも忘れてはなりません。彼らがそれぞれの工房で、繰り返し同じものを作りながらも改良を模索し続け、大変な作業をしてくれたおかげで、新しい楽器を開発することが出来ました。そしてその開発を励まし開発の原動力となったのは、一般の人とは違う性質を有する子どもと大人でした。ハイン・ナップ氏、ディディ・リール氏やレナ・ストゥルイック氏のような治療教育者の協力のおかげで、新たなアイデアを得ることが出来ました。ユリウス・クニーリム氏とエリザベット・スローテマーケル・ドゥ・ブリュイネ氏は、私にライアーを治療に役立てる方法を教授してくれました。その他、フリッツ・ヴィルマー氏とバルト・デラ・フッサイ氏が人智学的な観点の説明を書く際に助けてくれました。そして最後に、ベルナルト・リーベフット氏からの質問に勇気づけられたことが本書を出版するきっかけとなったことに対して感謝を述べたいと思います。

カロリン・フィッサー

第一章　音楽療法の基礎となる、健康と障がいにおける人間像

第一節　人間の発達と音楽の発展

人間の誕生から死まで

ある人の生涯全体、つまりその人が生まれてから死ぬまでと向き合い、その人物像を描こうとすると、具体的な場面は思い出せるものの、流れるような全体像は、なかなか作り出せないことに気づきます。その人をよく知っていても、その描き出そうとしている生き生きとした人物像の大部分は、見えてきません。しかし例えば、まるで夢や芸術の分野で体験するように、隠れていた姿が突然浮かびあがってくることがあり、それによって、すべてをはっきりと見通せるようになることがあるのです。

このような体験を記憶にとどめておくことは難しいですが、いちどこのような体験をすると、再び同じような瞬間に出会えるに違いないという確信がわいてきます。人の生涯が、ただひとつの輝かしい一点に凝縮されたこの瞬間、他のことはどうでもよくなるような瞬間です。しかしそれを言葉で表すことは、ほとんど不可能です。このとき、この体験は、私達の中で響き始め、流れ、渦巻き、輝く感情が生じます。

私が音楽療法を行うときには、これと似た体験が起こることを期待しています。音楽療法を行う時点で、治療を受ける人の生涯はまだ終わっていませんが、その人の人生との関わりを探し、現時点で、その人の誕生から今までの人生のさまざまなときを共に体験しようとします。ただしその人の人生の終わりまでの期間に関しては、過去として振り返ることの出来る支点がありません。けれども音楽が助けとなる可能性はあります。曲は最後の和音から作曲される、つまり時間的に遡って構想されるものです。同じように、私達の存在の一部は未来から出来ています。私達は常に、まだ現実になっていない何かを求めて生きており、このことが現在を決定づけています。未来への展望を失うと、私達は精神的あるいは身体的に病むのです。

人生が終わろうとしている老人にも、短期、あるいは長期的な未来への期待があります。短期とは、日常生活において陽射しを楽しむ、遊んでいる子どもを見る、誰かと出会う、というようなことです。長期とは、死の扉の向こうにある未来への期待です。ある状況においては、死にゆく人に、魂が身体から離れる瞬間まで音楽が付き添っていくこともあります。

私達が寝入るときにも、音楽に触れた私達の存在の一部は身体を離れます。眠っている間の私達は植物のようです。身体と生命現象は正常に働いていますが、意識的な感覚はありません。例えば、暖かさを感じたり大きな音が聞こえる、といった何かを感じた瞬間に私達は目を覚まし、喜び、痛み、欲求、愛、空腹など、あらゆる感情や感覚を再び感じるようになります。これらのあらゆる感情や感覚は動物にもありますが、動物の場合は本能的です。動物の感覚は種によって決まっていますが、人間の感性は個性によって決まります。この個性は、誕生から死に至るまでの物理的な現実世界に現れ、個性の現れ方は実にさまざまです。

子どもが生まれてくるときには、その生命体、及び感覚と人格はまだ現れず、包まれた状態のままで、いわばまわりの世界と共に存在している状態にあります。歯が生え変わる頃、生命体が自立し、周囲の世界と一体ではなくなります。思春期を終えると感覚は自由になります。子どもは、自分がまわりの世界から解き放たれたと感じるようになり、明確に自己と周囲の世界を区別出来るようになります。そして二十一歳を過ぎると､個性によって自らのあらゆる可能性を駆使出来るようになります。こうして若者は自立出来るようになるのです。

次に、人生の半ばまでに及ぶやや長い期間がありますが、この時期には、誰もが自分の外の世界へと向かいます。それは仕事の世界、旅や発見の世界、愛、結婚、家庭など、それまでの自分だけの世界を超えるものです。そこでは失望したり苦悩したりすることは避けられないでしょう。年を取るにつれて、外の世界と距離をおく時期、全体を見渡せるようになる時期、抽象的に思考する時期、そして手放す時期があります。人生のこれらの時期には、その都度それぞれの人が、身体のバランス、心のバランスをみつけなければなりません。

生命体が私達の身体の中で液体として表現されることに対して（これは、植物の中で重力に反して流れる樹液にたとえることが出来ます）、私達の感情や感性は物理的にいえば気体、つまり呼吸器系に現れます。しかし私達の感覚やあこがれは、肉体には依存していません。身体は「アストラル体」と呼ばれるものに包まれ、アストラル体は身体に浸透していますが、思考や感情において、私達は身体がなくても自由に動くことが出来ます。「自我」のもつ統御の力がなければ、私達は感覚に弄ばれてしまうでしょう。アストラル体も自我も目には見えませんが､その作用ははっきりと感じられます。

動物の場合は、本能によって動かされているアストラル性が、人間の場合よりずっと強く肉体の形と結びついています。動物の世界は、属や種のそれぞれの法則性によって支配されています。

何世紀もの間に、文化と結びついた別の形式を受け入れてきた、音楽という大きな織物のように織りなされた分野には、人間の感性が反映されています。また同時に音楽は、成立した時代に応じて、さまざまな方法で自我によって作られ自我に支配されてきました。

私達は、想像上では一瞬にして中国や日本へ旅することが出来ますが、実際に旅に出ようと思うと、具体的なことをいろいろと準備しなければならないことに気づきます。準備には手間も時間もかかります。音楽のインスピレーションも同じです。瞬時に意識にのぼりますが、そのインスピレーションを、目に見えるように楽譜に書き留めることも、演奏家達が譜読みをして練習するのも、大変な作業です。身体的なことも含めて、何であれ何かを実現するということは、意志によって「エーテル体」または生命体を利用しなければなりません（69ページ参照）。未来から伝わってくる衝動を実現させるプロセスには、時間がかかるのです。植物の成長にたとえると、成長する動きは目に見えないくらいゆっくりとしか進まず、私達に見えるのはその結果だけです。小さな種があっという間に背丈より高い茎になり、その上に巨大なひまわりの花を咲かせるほどに成長しますが、私達はこの経過を追うことはせず、各成長のある段階しか気づきません。自分達の成長についても同様です。

治癒の経過もゆっくりと進みます。それは植物の成長過程と似たようなもので、私達の通常の感覚では見えない生命体によって起こります。私達の感情生活をつかさどるアストラル的な力が、決して病気になることはない自我のもつ統御能力を奪うと病気を引き起こすことがあり、アストラル的な力が巨大になり過ぎると、エーテル体の治癒機能が損なわれます。これによって、自我も部分的に働かなくなることがあります。多くの場合、治療に使われる音楽によって、患者の落ち着かない、または抑うつ的なアストラル性を調和することが出来ます。患者にとってふさわしい治療内容を繰り返すことで、エーテル体に影響を与えることが出来、こうして治癒プロセスが始まります。

さて最後に残った疑問は、なぜ音楽を治療目的で使う必要性が二十世紀になって初めて生じてきたのかということです。私達の遠い祖先は、魂の体験をどのように表現し、周囲の世界と調和をはかるために、どのような音楽手段を用いていたのでしょうか。音楽的体験は、何世紀もの間にどのように変化して現在のような形になってきたのでしょうか。次節では、この問題を宇宙的な環境と自然界（鉱物、植物と動物）とを関連づけて、より高次な見地から答えを求めてみたいと思います。初め音楽は、祖先の魂の中にある地上的感覚と宇宙的感覚を反映していましたが、時代の流れの中で徐々に独立し、人間の好みや流行に合わせた形が取られるようになり、音や楽器の種類も増え続けていきました。こうして音楽は、慰めやぬくもりを伝える魂の直接的表現ではなくなり、洗練された嗜好品になっていきました。

音楽によって、強い快感を得ながら感情を激しくはき出すことも出来ます。現代には、かつてのどの時代よりも多くの音楽的表現方法が存在します。遠い過去においては、どの音楽からも当然のように癒す力が発せられましたが、いま、現代に見合った形で、これをどうやって取り戻すことが出来るのか、慎重に探っていかなければなりません。しかもそれは、こんにち人間の魂が健康をとおして、また病気をとおして経験する成長に添ったかたちである必要があります。

私達は耳だけではなく、身体全体で聞くことを学び直さなければなりません。響きが意識にのぼるのは耳ですが、音楽を完全に体験出来るのは「動いている人間」においてなのです。このことをとおして、私達の生命の流れが目覚め、調和します。詩人のノヴァーリスは「あらゆる病は、魂の病と言える」そして「どのような病も音楽的な問題であり、その治療は音楽的解決である」と述べています。

動き―響き―音楽

人間という魂と精神を与えられた存在は、地上では自然の力と自然の猛威のただ中で生きています。宇宙のより大きな出来事と関連しているこの地上の力は絶えず動いていますが、この動きは響きでもあります。例えば風、嵐、暴風、雷、雨などが思い浮かびますが、小川、川、海もそうです。地上のものは、地球と宇宙の流れによって動かされています。自転しながら太陽のまわりを回る地球には、大陸移動、洪水、気候の変動（例えば氷河期）や、地球内部の灼熱の活動を噴き出す火山もあります。これらの現象によって地球は絶えず変化させられています。

地に根を下ろし樹冠を宇宙に向けて伸ばす樹木や植物は、この動きに同調します。生きることが許されない環境では絶滅し、生きるための新たな可能性があるところで種は芽吹きます。変化しやすく気ままな自然の力以外にも、昼と夜、干潮と満潮、冬と夏という規則的なリズムもあります。植物界は、生命プロセスにこのリズムを取り入れています。動物もこのリズムを取り入れていますが、それ以外の大きな宇宙体験を内面化して魂の一部としました。生きていくために必要な本能、意欲が魂の萌芽になるのです。動物は植物の種子と違い、風や嵐や水に運ばれることはなく、自ら移動し、走り、泳ぎ、飛ぶことが出来るので、繁殖の場所を自分で決めることが出来ます。動物の行動の多様性は、その魂の在りようを示しています。そして声によって魂の在りようがより明らかになります。羽音を立てる昆虫は別として、定温動物において、はじめて声の中に魂の一要素が聞こえるようになります。ライオンが吠え、ロバがいななき、牛が鳴くときに、その動物の動きによって表現されるよりずっと親密な魂の在りようが色濃く現れ出ます。これはまだ音楽ではありませんが、どのような原始的な力が発せられているのか、人間として深く共感することが出来ます。自分の身体が、いうならば共に響くことが出来るのです。音楽に近いものといえば、鳥の鳴き声、例えばカナリアのような歌鳥の鳴き声がそれにあたります。これらの鳥は、うっとりするような声でさえずり、それを聞く私達も、いっしょに自我を完全に地上から切り離し宇宙に溶け込ませます。

太古の人間は、自分を地上の個別な存在と感じるより、むしろ自然界との大きなつながりの中で自らの宇宙の創造からの由来を自覚していました。文化が大きく移り変わるうちに、人間は次第に地上のことを認識するようになり、新しいことを認識するたびにその宇宙の創造からの由来の自覚を少しずつ失っていきました。しかし人は、宇宙とのつながりを宗教と芸術体験の助けを借りて維持してきました。人生における大小の宇宙的な出来事（例えば誕生、結婚、死、朝焼け、夕焼けなど）や、儀式、習慣そして祭礼などには、呪術、歌、器楽曲、その他の表現手段が伴われていました。徐々に現れてくるようになった人間の個別性は、集団や村落共同体の中で、そして集団が宇宙につながる宗教儀式の中で、喜びや悲しみを共に体験することで慰められ、調和されるように感じました。そのとき人間は、全体に溶け込むだけでなく、まわりの人々の魂の性質を体験し、そのことで自意識が高まりました。ルドルフ・シュタイナーは一九一四年十二月二九日の講演[*2]の中で、次のように述べました。「我々は音楽の法則に従って宇宙の中のアストラル的存在として創造された。我々がアストラル的なものである限り、宇宙と音楽的につながっている。我々自身が楽器なのである」続けて「宇宙、これは我々のアストラル体の助けを借りて、我々独自の本質を奏でている」と述べました。

これは、古くから多くの文化の中で知られていた事実です。必ずしも自覚されていたわけではありませんが、これに関する記憶は、伝統的な民族の性質や宗教儀式と結びついた形で生き残っています。つい最近まで音楽は、歌や民族器楽という形で民族やその土地の魂の性質を映し出していました。これらの音楽は、例えば現在でもギリシャやスコットランドの民族音楽にみられるように、厳格な規則で統制されていました。これに並んで、例えばグレゴリオ聖歌のような教会音楽は、一部中東に由来する太古のメロディーから構成されています。

西暦一〇〇〇年ぐらいまで、これらの音楽はすべて単旋律でした。民族音楽の中には、五度、四度、八度で歌われるものもありましたが、これは、高低のある男声と女声がいっしょに歌われることによって、偶然発生したものです。楽器も使用されましたが、歌声と同じ旋律を演奏し、旋律からはずれても旋律を飾る程度、またはバグパイプのように一定のバス音（ドローン音）を響かせるに過ぎませんでした。音楽はまだ魂の体験の直接的表現でした。

西暦一〇〇〇年頃に大聖堂が建設されると、残響のある巨大な空間のもつ音響の可能性に影響されて、当然のように多声音楽への強い欲求が生まれました。ここに、天を目指す大聖堂の建築によって音楽の新たな形が誕生しました。建物が楽器となったのです。初めて多声音楽が作曲されたのは、十二世紀、ノートルダムの大作曲家レオニヌスとペロティヌスによってでした。

同時に、単旋律のグレゴリオ聖歌も発達し続けました。民衆の音楽もほぼ単旋律のままでした。トルバドゥールやトルヴェールの芸術の最盛期であった十二世紀と十三世紀に、ハープやリュートの伴奏によって宮廷で歌われていた歌も単旋律で、伴奏はメロディーの装飾に過ぎませんでした。ドイツにおけるミンネゼンガーの恋愛歌も同様でした。声楽曲が多声になるには長い時間がかかりましたが、これは宗教曲以外にも言えることでした。

多声声楽曲が成立する過程は、ほぼ十三世紀末まで続きました。十四世紀以降、使用する楽器数は増えたものの本格的な器楽曲はまだ作曲されませんでした。作曲家は曲の演奏形態、つまり曲が歌われるのか、あるいは楽器によって演奏されるのかを演奏家に委ねました。例えば「とても愉快に。歌ったり、種類を問わず楽器で演奏するために」と書き添えたりしたのです。

十六世紀後半になると、ようやく本格的な器楽曲が作曲されるようになりました。ソナタとシンフォニアです。当時の音楽界といえば、ほとんど王侯貴族の宮廷や城に限られていました。しかしそれと平行して、教会ではグレゴリオ聖歌が歌われ続けていましたし、民族音楽は大切な役割を果たしていました。こうしてあらゆる人が、積極的に音楽を奏でることが出来ました。音楽の直接的な宇宙体験は失われつつありましたが、いつでも復活させる手段はまだ残っていました。古典派とロマン派の偉大な作曲家達は、この源泉を利用することが出来ましたし、彼らの偉大で個性的な才能によって、再び宇宙と地球を音楽をとおしてつなぐことが出来ました。しかしその後、器楽曲はそれ自体でますます独立した存在となっていったのです。

十九世紀に、地球や宇宙の物理法則が次々と発見され、それによってさまざまなことが技術的に可能になりましたが、同時に文化的形態や宗教的形態が一種の膠着状態に陥りました。知性がより大きな意味をもつようになり、人間は自然界から切り離された存在になろうとしていました。

この頃作曲された偉大な音楽は、台頭しつつある物質主義がすべてを画一化しようとする力に逆行する流れでした。そしてこのことは、民族音楽が盛んでなくなった時代には大変重要でした。多くの民族にとって新たな力を湧き出し続けていた泉は、徐々に枯れ始めました。しかしまだ残っていたものを出来るだけ保存しようという努力もなされました。

古い文化と新しい文化の出会いから、音楽にも新しい形が生まれました。特にアメリカは文化の坩堝（るつぼ）でした。もともとの黒人音楽は、さまざまな部族によって多様な形で演奏されており、身体の奥底で起きる調和現象でした。それは黒人と地上及び宇宙的な環境との正常なバランスを取り戻すためのものでした。アメリカに連れてこられた奴隷達は、自分達の表現方法を持っていましたが、そこに新たな体験から得た新たな要素が付け加えられました。しかし二十世紀になり、技術が台頭し人々が都会へ集まり生活がより豊かになると、娯楽や陶酔出来るようなものが強く求められるようになって、自然のバランスは破壊されていきました。生活はほとんど物質的な環境だけになってしまい、耐え難いものとなりました。これから逃れる道が求められ、酒や黒人音楽という形で逃げ道が与えられました。当時のジャズが現代の私達にとっていかに面白く聞こえたとしても、退廃した音楽なのです。退廃は特に一九二〇年代に著しく、ジャズは当時のダンス音楽と融合し商業化されました。電子機器、ラジオ、レコードプレーヤー、そしてマスメディアが台頭し始め、これらの役割はますます大きくなっていきました。

この頃登場した元々ニューオーリンズ・ジャズと呼ばれた音楽が、心をかきたてるものであったことはいうまでもありませんが、同時に現代の混乱した状態も反映しています。そして音楽の中でますます混乱が起こるようになり、それによって人間の魂の中にも混乱が起こるようになりました。すでに述べたとおり、人間の魂は、宇宙そのものによって与えられた音楽的規律によって動かされていたにも関わらず、調和させるはずの音楽が、今や混乱してしまったのです。その他の民衆の音楽、例えばハンガリーやオーストリアの民族音楽、あるいはジプシー音楽も娯楽産業で用いられるようになりました。ただし、もはや調和させるためではなく、忘却や気晴らしのために。

宗教音楽、特にプロテスタントの教会音楽は徐々に硬直化し始めましたが、カトリック教会においては、まだしばらくの間、古いグレゴリオ聖歌が生き続けていました。はるか彼方の精神の高みに達する感受性をもつ多くの人々には、巨匠達の音楽によってその可能性が与えられており、文字どおり恍惚状態に陥ることが出来ました。しかし、このような音楽を演奏するためには高い技術が必要なので、演奏出来る人の数は多くはありませんでした。こうして音楽界では、高い能力と競争とが余儀なくされ、偉大な指揮者や演奏家は名声を博しましたし、さらなる高みに到達出来る人は減っていきました。例えばブルックナーの交響曲といった、音楽で表現された壮大な宇宙的理想は、偉大な指揮者のもとで完璧な演奏をするオーケストラによってしか演奏出来なくなりました。民衆の独自の音楽は失われてしまいましたが、伝統的に、教会や学校では、まだ歌を歌うことはありました。その頃裕福な市民の間では、ピアノがまさに「市民的」楽器としての地位を得て、偉大な作曲家達はピアノのためにすばらしい作品を書きました。そして、かつて気軽に音楽を演奏する人の魂の表現として、例えばフルートやシャルマイ（オーボエの原型）、角笛、フィドル、たて琴といった楽器が生き生きと演奏されていた長い歴史は、ピアノによって硬直化し終わりを告げたのです。

さて、十九世紀に起こった地球や天体についての研究や、物理法則の技術的応用などの外的発展と同時に、内的発展も起こりました。人間の空間についての認識が新たになったのです。多少眠っている状態であるこの感覚を、印象派の画家達は意識的に体験しました。彼らは空間と色をこれまでにない方法でみようとし、音楽にも類似した変化が生じました。ルドルフ・シュタイナーは一九〇六年十一月二六日の講演[*3]の中で次のように述べています。人間の発達において、宇宙的なものと肉体的なものがいっしょになった遠い過去に、耳は私達が知覚するすべての響き、つまり音そのものと、音と音との間に存在する時間的要素を認識する器官となりました。それ以前、人間は同じく耳の中にある平衡器官によって空間の方向性を知覚していました。こうして空間の中で響く音が、次第に意識的に体験されるようになったのです。「耳は、さらに古い感覚と関係を持っています。空間内での位置測定のための感覚、すなわち、三次元空間を感じ取る能力です」続けて「今日、音を知覚するように、人間は昔、空間を知覚していたのです。（中略）空間感覚は空間を知覚します。耳は音すなわち空間から時間の中に移るものを知覚します」

二十世紀への変わり目に、前述の過程とレベルは違っていましたが、比較出来るようなことが起きました。西暦一〇〇〇年以降西洋音楽において、緻密さを増していくポリフォニーが発生し、十九世紀に頂点に達しましたが、これは頂点であると同時にその発展の終焉でもありました。音の層は途方もなく分厚くなり、楽器編成は、出来るだけ厚みのある音を出すために、考えられる限りの変化を経て、オーケストラもさらに巨大になり、多様な音を受け入れ、多数の演奏者及び聴衆を収容するために、コンサートホールが建設されました。これはノートルダムの巨匠達の時代とは異なります。彼らは空間からインスピレーションを得て、空間によって音楽が生まれました。ロマン派の音楽は空間を必要とし、空間を利用したのです。

マーラーの「一千人の交響曲」は、音の豊富さと演奏者の数で頂点に立ちました。ドビュッシーはマーラーより二歳年下にしか過ぎませんが、ドビュッシーの音楽には全く異なった響きが映し出されています。空間の体験です。ドビュッシーがよく用いた全音音階を聞くと、未知の新しい土地に足を踏み入れたような気がします。その少し後のシェーンベルク他の十二音音楽も、全く違う方法ではありましたが、新しい空間認識を描き出していました。ドビュッシーの音楽は、ある点から別の点へと導かれる音の道ではなく、いわゆる音の空間を作り出します。そしてこの新しい空間の認識を体験したのは、有名な作曲家や印象派の画家達だけではありませんでした。一般の人々もまた同じ体験をしたのです。

二十世紀初頭には、それまでの数世紀に存在していたよりも多くの種類の音楽が存在していました。スタイルの統一性はなくなっていました。その上、音楽に関して洗練された聴衆が登場し、この聴衆は古い音楽にも新しい音楽にも関心を持っていました。二十世紀以前には、通常同時代の音楽しか演奏されていませんでしたが、今は違います。

そして軽音楽もさまざまな形になり、機械や装置が大きな役割を果たしていました。音量は大きくなる一方で、この傾向は現在まで続いています。スピーカーから出てくるポップスの爆発するような音は、耳に障がいを起こすほど大きくなりました。ロマン派音響の理想がグロテスクなまでに拡大され、スピーカーの使用によって同時に空間的要素が加わったかにみえます。コンサートホールでも野外でも、あらゆる方角から音が私達に向かってきます。私達の音に対する感覚も、空間の方向性に対する感覚も刺激されます。しかしスピーカーから流れる音は「偽物の空間」、つまり実際に存在しない空間を演出しているのです。私達の聴覚と空間に対する感覚はあざむかれてしまいます。

さて、印象派の絵画や十二音音楽が人間の新しい空間の感覚に触れたことをみてきましたが、当初は、子どもや若者をこの新しい分野に導く手段がありませんでした。けれども二十世紀の前半に、誰にでも親しめる新しい音楽を誕生させる試みがあちこちで行われました。新しい楽器も求められました。このような試みは、コンサートでの音楽や軽音楽のすさまじい力に比べると、ひっそりと背後で、ほとんど誰にも気づかれずに行われましたが、空間と時間の新たな体験を意識的に生みだす文化のさらなる発展の芽生えとなる可能性も秘めています。そして、偏った芸術的能力及び知的能力によって孤立してしまった私達を、解放してくれるかもしれないのです。詩人のローラント・ホルストは、このことを次の詩で表現しました。

ときに砂丘の谷間を支配するのは
陽が暮れかけた頃
まわりにぐるりと
そこに待っているものたちのような沈黙。孤独、

独り物思いにふけりながら
ここまで来た人は、その歩みをゆるめる
何かにせき立てられつつ、
名のないものに。

二十世紀の音楽の新たな形態と楽器

二十世紀の前半には、民族の音楽が、特別な方法、つまりベーラ・バルトークとゾルターン・コダーイの作品をとおして、ある特別な役割を果たしていました。この二人は、特にバルカン半島やハンガリーで民謡を集めましたが、見つかったものの多くは、ほぼ失われかけていた文化の最後の名残りでした。バルトークはこれらの民謡を、いろいろな楽器のためにアレンジして多くの人が演奏出来るように編曲しただけでなく、さらに民謡のもつ古い規則性を全く新しい方法で自らの作曲にも利用したため、この規則性は普遍性をもつようになりました。さらにバルトークは、ピアノを打楽器として用い、ピアノに新しい可能性を与えました。彼の音楽を知る手始めには「ピアノのためのミクロコスモス」が最適です。

コダーイの作品も民謡の要素を多く利用しています。彼の二声の歌唱法は、ハンガリーの学校で実践されていますが、この音楽は純粋な器楽演奏にも適しています。

　イギリスのベンジャミン・ブリテンは、特に若者のために作曲し、合唱、オーケストラ、また小編成のアンサンブルのための作品があります。彼も、より幅広い聴衆に受け入れられる音楽を模索していました。

　ヒンデミットも、小編成のアンサンブルのために簡単に演奏出来る曲をいくつか作りました。ストラヴィンスキーですら「五本の指で」と名づけた簡単なピアノ曲を作りました。これらの作品は、他の楽器編成でも楽しく演奏出来ます。

　カール・オルフは、中世の歌や物話にヒントを得て「カルミナ・ブラーナ」や「賢い女」といった比較的大きな曲を作り、さらに作品で用いる楽器群も創案しました。この楽器群はすべて打楽器で、そのほとんどがさまざまな形の木琴や鉄琴です。そして後に、グンヒルト・ケートマンによって奏法が洗練され、現代でも学校で、また学校以外の合奏においても活発に用いられています。

　二十世紀初頭、フランツ・トマスティクは弦楽器の改良を試みて、ルドルフ・シュタイナーに相談したことがありました。一九五〇年代には、ドイツでカール・ヴァイドラーがこの試みを継承しました。そして、アルトゥル・バイがさらに進めて、現在でも、従来の弦楽四重奏に、ソプラノバイオリン、テノールバイオリン及びバスを追加した、弦楽七重奏の開発に取り組んでいます。楽器は、それぞれ違う種類の木材から作られています。オランダのハーグでは、ノルベルト・フィッサーが、チェコの弦楽器制作者ヨーゼフ・ムジルと共に、ルドルフ・シュタイナーの指示に基づいて開発を続けました。

　二つの大戦の間の時期には、演奏の簡単な管楽器も求められ、昔のリコーダーに手がつけられました。つまりこれは新たな開発ではなく、約百年間製造されていなかった昔のリコーダーを出来るだけ忠実に再現する試みでした。特にドイツで広まっていた若者のワンダーフォーゲル運動において、リコーダーへの反響はとても大きいものでした。そしてオランダでも、青年団で新たにリコーダーが演奏されるようになりました。その後、公的な音楽界、つまりコンサート活動や音楽教育においても、各種リコーダーがある種の役割を果たすようになりました。再びリコーダーのための新曲も作られるようになり、簡単に演奏出来る音楽によって、多くの人が自己を表現する新しい手段が出来ました。

一九二六年に、音楽家エドムント・プラハトと彫刻家ロータ―・ゲルトナーがライアーを創案しました。ルドルフ・シュタイナーは一九二五年に亡くなったので、このライアーを見ることは出来ませんでしたが、オイリュトミーに使われる新しい弦楽器については語っていました。これで新しい楽器群が揃いました。「昔からの」リコーダー、ゲルトナーのライアー、オルフの打楽器、そして新しい弦楽器でした。一九五〇年代になると、ハーグで開発されたバイオリンやチェロと同じ流れから、創案当初より明確な目的意識を持って開発されたコロイ楽器が誕生しました。

コロイ楽器誕生のきっかけ

弦楽器が一九五〇年代に改良された際、今までとは違う響きへのあこがれが大きな役割を果たしました。新しい響きは、個性的であるより、楽器をとおして奏者に周囲の空間とつながる可能性を与えることが望まれました。当時この分野で得られた経験のおかげで次第に最終目標が形成されていき、ついにコロイ楽器が出来あがりました。コロイという名前は後につけられたもので、古代ギリシャ語の「コロス」の複数形です。私達が使っている「コーラス」、つまり合唱という言葉もここからきています。

しかし古代ギリシャ人にとっては、この言葉はもっと広い意味を持っていました。歌うことの他に、話すこと、動くこと、踊りや器楽演奏も含まれていました。なんとインスピレーションをかき立てる言葉なのでしょう。古代ギリシャ人は、神々の存在しない世界を想像出来ませんでした。彼らは自らを、神々に「弾かれる」楽器のように感じていました。人間の魂は神々によって動かされ、それに従って身体も動き出し、身体は魂の道具になりました。それゆえ踊ったり、歌ったり、話したり、演奏するようになりました。「音楽」のみを表現する抽象的な言葉は、古代ギリシャには存在しませんでした。

インスピレーションをかきたてるこのような古代ギリシャの観念は、どのように現代に伝わったのでしょうか。この観念は、次第に小さな部分に分かれていきました。話すことと言語は、徐々に神々の贈り物ではなくなり、知性で理解出来る物質的な環境について伝達しあうための手段になりました。話すことや言語が芸術的に使われるとき、これらは守られた領域、言葉や文芸や演劇と関わる魂の一部のための一種の保護区で使われます。宇宙の流れが、言語を自由に織りなすことはなくなったため、言語は硬化し一面的になろうとしています。しかし今でも流れ続けているものは、守られなければなりません。動きの芸術、つまり踊りも、独自の道を歩みだしました。そして音楽の歩んだ道については、前の章で述べたとおりです。

これらを再びひとつにするのにはどうすれば良いでしょうか。このことを抽象的に問うと答えはでませんが、文化の推進力は、思考し、夢や憧れを持っている人間をとおして働きます。期が熟せば、これらの思考や夢や憧れが、後の文化にとっての芽生えという形で実現されるでしょう。

コロイ楽器の成立も同様です。音楽家数名が抱いた音楽についての夢が、豊かな実りをもたらす地をみつけたのです。発達に障がいをもつ子どものために、後に、精神的ケアを必要とする大人のために楽器が欲しいという思いから、数多くの楽器が誕生しました。多種のリコーダーやライアー、ハープ、小太鼓、大太鼓、クラリネット、そして改良が重ねられて一連の弦楽器が生まれました。音楽を新たにしていくアイデアも尽きることがありません。楽器一つひとつの誕生には多くの物語があり、本書の枠内では語りつくせません。

当初、純粋に芸術的な推進力から生まれた楽器ですが、教育や治療に使われることで実用的な側面も加わりました。これらの楽器の演奏を準備するにあたり、歌いながら、あるいは身体を動かしながら演奏することが自明のこととなっていき、人間の声と楽器が再び接近するようになりました。響きのもつ空間的側面によって、動きという要素が、演奏の準備として、また演奏するときの動きとしても重要なものになりました。ルドルフ・シュタイナーによって始められたオイリュトミーという動きの芸術を伴奏する際、新しい楽器と動きの芸術との境は、従来の楽器を使った場合より小さくなったようです。

古代ギリシャのコロイの思想に含まれる小さくて控えめな部分は、たとえ現代では、古代ギリシャ人が当然としていた神々からの直接的な手助けがもはや期待出来ないとしても、このようにして実現されています。今では、神々の代わりに人間が手助けをしています。これらの人達は、自分たちが障がいをもつ多くの子どもや大人から支えられていると知っています。私達いわゆる健常者は、精神世界に入るときに毎回非常な努力をしなければなりませんが、障がいを持っている人達は、健常者よりも精神世界に対してオープンです。

コロイ楽器は療育施設や福祉療養施設の子どもや大人に使われているだけでなく、三十年前から、製作もすべてこのような施設の中で行われてきました。オランダ以外でも、ドイツ、スイス、デンマーク、スウェーデン、ベルギー、フランスにも楽器製作の工房があります。各工房は密接に連絡を取り合っているため、さまざまな相違はありますが同じ方向性を持っています。

新たな発展

ある時代に文化を刷新する衝動が生じるとき、それがたった一か所だけに起こることはめったにありません。多くの場合、複数の人が別々の場所で活動して、それぞれが独自の方法で発見に至ります。そして時間が経過するうちに、彼らがみんな、別々の方法で、実は同じ流れの中にいることがわかるのです。前節で、コロイ楽器が音楽家から楽器製作者に至るまで多くの人の中で生まれ、多くの国で生き続けていることに触れました。この楽器は全世界に行き渡っていますが、特にこの十年から十五年の間に、同じような刷新の傾向から新たな楽器も誕生しました。

ハイリゲンベルクの鍛冶屋で、マンフレット・ブレッフェルトがさまざまな大きさの銅鑼（どら）

やメタルフォン、そして異なる種類の金属から出来た、大小さまざまな打楽器を製作しています。カール・ヴァイドラーの後継者達は、クロッタという古代ケルト人の楽器の改良型を製作しています。ヘルムート・ブレッフェルトは、カンパヌーラという、クロッタに似た、多弦でさまざまなフラジオレットが演奏出来る楽器を製作しています。スウェーデンでは、ハンス・クローゼがセラピー用のコントラバスを開発しました。そして、アンドレアス・レーマンは、閉じた共鳴体や箱を持たない、オープンなライアーを製作しています。

さらに、ペア・アールボム（スウェーデン）とアンドレアス・デロール（ドイツ）がさまざまな種類の打楽器やその他の楽器を即興的に作っています。なかでも特徴的なのは、大きな木製のスタンドに、金属や木製の棒がぶら下がっている楽器です。そして、前述のゲルトナー作のライアー以外に、ハイリゲンベルクのホルスト・ニーダーもライアーを作っています。一九五〇年代初めに、カール・ヴァイドラーがニュルンベルクで初めて新型バイオリンを作った頃に、ケルンに初の電子音楽スタジオが出来たことに触れるのは、興味深いことかも知れません。ケルンでは数年後、カール・ハインツ・シュトックハウゼンが電子音楽を作曲しました。彼も、人間が響きを空間的に体験することへと導く、時代精神に刺激されていました。しかし、彼にとって電子音楽が唯一の道であることは変わらず、宇宙的な事象に基づいた巨大な作品を作曲しています。その際、電子音を生み出した分野、意志の領域をとおして、超感覚的なものを考察しています。ペア・アールボムもマンフレット・ブレッフェルトもシュトックハウゼンと共に活動し、彼からインスピレーションを受けましたが、その後、電子音楽と袂を分かちました。

その他に重要なこととして、長年に渡りユリウス・クニーリムが、部屋のあちこちに配置された楽器を演奏するグループと共に、毎回新たな形で「音の対話」を作り出していることがあります。彼はこれを治療にも応用しています。

調律もいつも同じではありません。ハイナー・ルーランドは「シュレジンガー音階」と呼ばれ、カトレーン・シュレジンガーによって再発見された古代ギリシャのリコーダー（アウロス）に見られる、今とは違う音程の音階を使って作曲しています。マリア・ライノルドはこれと違った、平均律によらない少し低い調律法を好んで用います。両者共にルドルフ・シュタイナーの言葉をもとにしています。コロイのリコーダーやシロフォンなどの楽器のほとんどは「一点ラ」を、よく使われている四四〇ヘルツ／Hzにあわせています。もちろん、リコーダーや弦楽器は、固定音高に対して多少自由がききます。金属棒を使った楽器は残響が長いのでこれにあわせます。ハープやライアーも多少自由がききます。この点について、コロイ楽器の製作者及び演奏者は、出会うかもしれない新たな調律法に耳を澄ませて手探りで模索しながら歩んでいます。

響きの体験の最新動向や、前述した歴史の概要が十分でないことは、私もよく承知しています。コロイ楽器誕生のきっかけと新たな発展について触れた目的は、現代の音楽教育と音楽療法を、過去と将来の方向性との関係の中に置いてみることでした。

音楽から見た子どもの成長段階

五歳未満の子どもに対して、目標をたてて教育することは望ましくありません。幼児といっしょに音楽遊びをすることも出来ますし、必要に応じてペンタトニックに調律したハープを弾いて夢想的なムードに誘うことも出来ます。五歳を過ぎてから初めて、大変慎重に、方法論に基づいた教育を行うことが可能になります。もちろん、まだとても幼くても生まれつき音楽の才能があり、即座に模倣する音楽的能力があるために、同年齢の子どもにはとても出来ないことをする子どももいます。そのこと自体は特に問題ではありません。大切なのは、注目し過ぎないこと、その子ほどの才能を持っていないクラスメイトと共に楽しく音楽遊びをさせることです。その子達は、音楽遊びのとき、私達の助けとなることさえあるかもしれません。

主にクラスとして接する子ども達の発育段階を、私達は三つの年齢グループに分けています。五歳から九歳まで、九歳から十四歳まで、そして十四歳から成人までです。各年齢グループの中にいくつかのクラスがあり、当然クラスごとに異なる教育方法を用いていますが、ここで解説しているのは、健全に発達している場合の各年齢グループ内で起こる特定の音楽的過程です。

五歳から九歳まで

五歳から九歳までの子ども達に使う音楽教材を選ぶときは、ペンタトニックや五度調律への移行がスムーズに出来る歌にします。最初は二つ三つの音で出来ている歌から始めます（巻末譜例集1～4

参照)。いつも、下降する「幼児の三度」で始めます。ペンタトニックの後は、次の年齢段階で扱われる本物の長調と短調への橋渡しとなるメロディーを探してみます。もちろん幼い子どもの場合でも、短調や長調の音楽があらゆる場面で耳に入ります。音楽的才能がある子なら、真似して歌うこともあります。しかし、この最初の段階での音楽の授業においては、ペンタトニックにとどまることが大切です。ご存知のように、子どもは成長過程において、再度、人類の発展を繰り返します。健常な五歳の子どもの場合、発展過程に相当するのはペンタトニックです。

音の高さやリズムについては、どのようなメロディーもまず動きから練習します。この年齢段階ではリズムはとてもおおまかでよく、絶対に厳格であってはなりません。拍の練習は一切しませんが、続いてゆく拍節、例えば短短長短短長(・・――・・――)や長短短長短短(――・・――・・)などは用います。

後に、符点のリズム、例えばお馬さんやうさぎさんが跳んだり跳ねたりするものを加えても構いませんが、まだきっちりとしたものではなく、自由で柔軟なままにしておきます。子ども達は、これらの練習を具体的な想像の中で体験しなければなりません。「みんな船にのったよ。船はこんな感じで揺れているね」ここでみんなが輪になって、お互いに腕を組んで揺れる動きを練習します。右から左へと揺れてみます。あるいは子ども達が教師の後ろに並んでベンチにまたがって坐り、身体を前後に揺らすことも出来ます。実は、ここでは八分の六拍子を練習しているのです。「あっ、陸が見えてきた！船から飛び降りよう。でも大変！　海の中に降りてしまったから、陸まで歩いて渡るんだよ」最初にみんなが同時に飛び上がり、次に膝をあげながらゆっくりと前に進みます。もちろん、歌いながらです。

この年齢段階で、音楽と共に身体を動かす方法が無数にあることはいうまでもありません。動きと歌を合わせるのは簡単です。歌声は必ずしも正確ではないでしょうが、プレッシャーをかけてはいけません。歌うことは、とにかく動きと一体となり、自然なこととならなければなりません。次々と新しい場面を使うことで、簡単に新しいムードを作り出すことが出来ます。「陸に着いたとき、みんなはとても疲れていたので、すぐに寝てしまいました。寝る前には、ミツバチさんがブンブンいうのが聞こえていたけれど……」かわいらしく短いハミングをすると、しんと静かにさせるための良いきっかけとなります。

授業の目的がまさに音楽的なことであるのなら、あまり複雑な歌詞を使ってはなりません。歌詞が少なくて、ハミングや「あ」「お」「ラララ」（ここでは「r」がうまく発音出来るかどうか確認出来ます）、あるいは「るんるんるん」や「どんどんどん」などと歌う方が良いです。

音の高さも手を使って練習します。手を上に伸ばし、出来ればつま先で立って、高く背伸びをして、そこで高い音を出します「あの高いところで小鳥が鳴いているよ」。身体を二つに折って頭を床に近づけて、あるいはしゃがんで、低くて暗い音を歌ってみます「これは熊さんのうなり声だ」。そしてまたまっすぐに立って、手と腕を前に伸ばすと、自分自身つまり人間になり、低くも高くもない音を歌います。「あっ、学校のチャイムだ。遅れないように、急がなくちゃ」短い音の拍子に合わせて急ぎ足で歩きます。また、王様や王女様のようにゆっくり偉そうに歩くことも出来ます。何かにびっくりしたときは後ろへ下がります。このような出来事はすべて、動きから生じて音楽的体験となります。遊びながら空間の六つの方向を実感出来るようになります。歌いながら私達の身体を響く楽器にします。

しかし、他にも可能性はまだたくさんあります。手の平で太ももを叩いてみましょう。私達は太鼓に変身しました。この練習は、左と右を体験するための良い練習であると同時に、楽器を演奏する準備練習にもなります。

私達の手を楽器にすることも出来ます。両手を合わせて指を組み、手の平を叩き合わせて音を出します。従来の拍手では、音楽的ではない騒音になりがちだからです。

坐りながら、踵を床につけてつま先で軽くリズムを鳴らすことも出来ます。逆に、つま先を床につけて、かかとでトントンとリズムを強くならします。両足同時にリズムを鳴らす、あるいは手と足を交互に使うことも出来ます。おなかは太鼓の代わりになります。ただしこのような練習は、子ども達が八歳になるころから始めます。こうして九歳になって初めて可能になるきちんとした正しいリズムに徐々に移っていきます。

この頃には子ども達が初めて楽器を弾いてからだいぶ時間が経っています。七歳になる前に、つまり入学前の子どもは、まだ演奏を目標とした楽器の練習はしません。音響ブロック、トライアングル、丸い木の棒や小太鼓などを使うことは出来ますが、常に想像の中で用います。トライアングルは鈴、木の丸棒はきつつき、小太鼓を持っている男の子は見張りの兵隊さん、といったふうに。七歳になってから、リコーダー、ソプラノライアー、子どもハープを練習してください。クラス全体がリコーダーを習う場合は、すべてを動きから始めることが大切です。子ども達は教師の動きを真似します。子ども達は、完全に音楽の動きの中にいますが、この動きは前述の遊びの動きに比べてとても小さくひかえめにします。

動きが小さくなればなるほど内面に向かう強さが増します。子ども達は共に空間を体験しますが、同時に一人ひとりの体験は個別です。しかしこの理想的な結果を得るのには、教師自らもこの強度に達する必要があります。クラス全員でライアーを奏でると、より動きを感じ取れるようになります。右手と右腕を使った大きな輪の動きは、まずは楽器を持たず、次に実際にライアーを持って練習します。音がしないところでは地上は暗く、弦が動きの輪に加わると突然陽が昇ります。左手でも同じような輪の動きの練習が出来ます。ライアーや子どもハープがペンタトニックに調律してあるため、きれいに響くさまざまな練習が出来ます。親指を除く両手のすべての指を使っても演奏出来ます。メロディーを弾けるようになる前でも、子ども達は、互いに音楽で呼びかけたり返答したりすることが出来ます。このような方法で簡単なリコーダー曲の伴奏も出来ます。そして、どんなことが起ころうとも、どのように成長しようとも、全員が九歳になり独自の音楽的条件をもつ新しい成長段階に入ります。

九歳から十四歳まで

この年齢の子どもは、たいていの場合かなりうまく歌うことが出来ます。この段階では、意識して前段階よりもピッチを揃えて歌えるように指導します。グループの中に音程を合わせられない子どももいるでしょうが、挫折感を感じさせないようにします。ほとんどの場合プレッシャーを与え過ぎないようにさえすれば、どのような子どもも正しい音程で歌えるようになります。気後れのために正しい音程で歌えない場合、その子に合わせた運動練習を加える必要がある場合もあります。しかし、大変知的であるにも関わらず、全く、あるいはほとんど正しい音程を出せない子もいます。この年齢では一般的によく知られている歌を選びますが、はじめは長調の曲にします。新しい歌を習うときには音の高さを正確に提示します。

いろいろな種類の拍子も学びます。四分の二拍子、四分の三拍子、四分の四拍子、八分の六拍子。両腕を使って大きな動きで拍を打ってみます。加えて、子ども達と共に拍に合わせて歩き、そして歩きながら同時に拍を打つこともやってみます。拍子とリズム（異なる音の長さ）が区別出来るように、次の練習をします。クラスの半分の子ども達がリズムを打ち、残りの半分の子ども達が拍を打ちます。そして、交代します。

子ども達に、言語だけではなく音楽も文から成り立っていること、そしてそれを聞き取ることを教えます。歌のリズムに合わせて歩き、そして新しい文が始まったときに向きを変えます。前文と後文というものがあることも教えます。

この年齢になってはじめてハ長調の音階も習います。八人を一列に坐らせて、音階になるようにみんなが音響ブロックを持ちます。一番背が高い子は低い「ド」、一番背が低い子は高い「ド」。これで、この一列の子ども達を「演奏」出来るようになります。つまり、子ども達の誰かひとりを指さし、指された子が手にしているブロックを打ちます。こうして歌になります。他の子ども達も交代でこれを試すことが出来ます。

次は、同様にして、短調の練習に進みます。簡単な「さびしい」短調の歌を歌います。次に、短調と長調の三和音を動きの中で練習します。短調のときには左に動き、もとに戻って、長調のときには右腕をのばして前に動きます。このような練習を何週間か続け、しばらくの間三和音も歌うと、ほとんどの子どもが聴音練習で長調と短調の三和音を区別出来るようになります。

これが終わると、そろそろ単純な多声音楽を始める時期になります。まず輪唱し、その後、他の歌に移ります。ひとつのグループが歌詞にメロディーをつけて歌い、別のグループが歌詞をリズムに合わせて基音で音程をつけずに歌います。これは輪唱ほど簡単ではありません。二声の歌は動きで表現するのにも向いています。例えば歩くことで、他の声部をまだうまく聞けない子も、目で見えるのでわかりやすくなります。

楽器の使い方も豊富になってきます。グループ全体で打楽器の練習が出来るようになります。拍子とリズムをグループ全体で、あるいは交代で練習します。さらにゆっくりになったり速くなったり強くなったり弱くなったりする練習もします。強拍を強調することも習うので、四分の四拍子（•・・・）と四分の二拍子二小節分（•・•・）は全く違う性格をもつようになります。大きい打楽器、例えば大太鼓、シンバル、ティンパニー、銅鑼（どら）は強拍、つまり比較的ゆっくりした音を出し、小さい楽器が短い音、中でもトライアングルが一番短い音を出します。こうして楽器が揃っていれば、グロッケンシュピールのような演奏をすることが出来ますが、音響ブロックも加わるとさらによくなります。グロッケンシュピールをしながら、音の長さが区別出来るようになります。弱起（アウフタクト）も、そして男性終止と女性終止（強拍での終止と弱拍での終止）も聞き取れるようになります。そして何よりも楽器の扱い方を学びます。自分の太ももやおなかではなく、本物の太鼓で演奏するようになります。こうして身体の新しい部分が出来たのです。楽器は身体の新しい一部分です。低音の銅鑼（どら）は腹腔を共振させ、トライアングルの音は頭を共鳴させます。

しかしどのような楽器を手にしても、それをうまく演奏することを学ばなければなりません。楽器を私達の一部と感じて、無理に叩かず、楽器から音を誘い出すようにしなければなりません。これもまた動きから生じるのです。控えめな動きではありますが、楽器に向けた動きです。

この年齢段階では、楽器を習いたい音楽的意志のある人と、ただ楽しくみんなといっしょに音楽をしたい人とが、徐々にはっきりしてきます。グループの中で、本気で管楽器、弦楽器、ライアーを演奏する子は、この段階で長い曲の楽譜を読むことを学び、家でも練習します。だからこそ、それ以外の子ども達を音楽体験に参加させることが大切です。楽譜と親しみ、歌を歌い、音楽の規則に興味を抱き、そして何よりも簡単な打楽器やフルートを使って自分を音楽で表現出来るようにしなければなりません。

この年齢段階で学ぶもうひとつの音楽の規則は、音程の質を体験することです。音程ストーリー（162ページ参照）を使うと、ストーリーの中の出来事一つひとつがある音程によって強調されていて、それぞれの音程の感情的特徴を体験出来ます。物語の中で、グループの子ども達が音程に歌詞をつけて歌います。結果として、後で聴音練習をするときには、ほとんどの子どもが音程を聞き分けられるようになります。

この年齢段階の初期は、思春期に入り、どの子どもも自分なりに独自の道を進もうとしている魂の生活と戦っています。音楽の面では、気分の変化の激しさを、さまざまな国の古い民謡を歌うのに利用することが出来ます。民謡にも楽しいものや悲しいものといったいろいろな曲があるからです。前段階では、長調と短調はまだかなり抽象的に体験されていましたが、この段階では強い内面的体験となります。その他に、黒人霊歌、モーツァルトやシューベルトの歌、そして古典や現代の輪唱を歌います。古いフォークダンスも歌ったり踊ったりします。五度圏、つまり、すべての長音階と短音階を学び、ペンタトニックとの関係についても簡単に触れます。さらに、中世の音階と、その特徴をなす音程についても習います。このような勉強をすると、古い音階の歌を以前に歌ったことがあるのに気がつきます。その頃は、そのメロディーをただ「悲しい」、あるいは「楽しい」と感じていただけですが、今はそれぞれの特徴を区別出来るようになります。

十四歳なると音楽的には大人です。従っていろいろな音楽を扱えるようになりますが、どのような音楽を扱うかの決定要因はグループの音楽的可能性であり、その可能性の幅は大変広いと考えられます。教会旋法を習ってから、例えばドビュッシーの全音音階（巻末譜例集参照）を演奏してみます。それはこの音階が、ペンタトニックと同じように、全体的に和音として使えることを体験するためです。バルトークやヒンデミットの現代的な響きも大抵の人が好みます。

この年齢では、楽器についてもいろいろなことが出来るようになります。楽器を少し習ったことがある子もいることを前提とします。楽器を習ったことのない子に打楽器を任せて、小さなオーケストラを編成することが可能かもしれません。古い民謡、特にバルトークが集めたメロディーは、楽器がまだうまく演奏出来ない子でも十分に演奏可能です。再びペンタトニックに戻ることも出来ますが、今度は「子どもの音楽」としてではなく、音楽的に宇宙とのつながりを体験するのにあまり多くの技術的手段を必要としなかった「古代の人」の音楽として演奏します。

　この段階では、大人として長調と短調について復習し、教会旋法との関連も学びます。そして、音階と三和音に七の和音も加え、より豊かにします。音階を三度や反進行で歌い、多声で三和音や七の和音も練習します。音程の質は、さまざまな歌（多声曲も含む）の中でどのように用いられているかということと結びつけて体験します。拍子の種類は、現代音楽や民謡にも出てくる四分の五拍子や四分の七拍子も加えて拡大します。また同時に、中世音楽の変拍子や現代のシンコペーションとも取り組みます。

　いろいろな音楽教材をつかって、即興演奏も出来るようになります。器楽でも歌でも行います。ただし、慎重に進めなければなりません。例えば、まず打楽器を使って各種のリズムから出発します。次に各転回形の七の和音や全音音階を使うことで、後に、さらに自由な可能性をみつけられるようになります。参加者の勇気と忍耐力にもよりますが、最終的な到達点は、他のメンバーが何をするのかと耳をすましながら新しい響きや形を作ることです。

まとめ

前述の三つの年齢段階は、もちろん実際のクラスではさらに細かく分けられます。そして同じ年齢の子どもからなるクラスでも、反応はそれぞれ違います。しかしすでに述べたとおり、一般的な成長の過程としての魂の発達は、多少の違いはあってもすべての人にあてはまります。

魂が大人に成長するために進む道をたどるならば、音楽の（つまり宇宙的な）観点からすると、結局大人も必要なときに健全な（浄化するような）方法で音楽をとおして宇宙とつながることが出来るのです。

成長の各時期では、発達を支える他の手段もあります、例えば、オイリュトミー、小さい子どものためには輪になって歌う遊び、少し大きい子どもにはフォークダンス、ボールやグループ遊び、ボートマー体操、そして演劇や言語に関連するものあらゆるものがあげられます。

音楽を聞くことも大切ですが、共同体に受け入れられることも重要です。その共同体とは、昼と夜、季節の行事を含む春夏秋冬といった宇宙のリズムが、動き、ジェスチャー、言語、色、響きの中に表現されるところです。

この過程を邪魔する力は、以前にも触れた現代の混乱した表現です。小さい子どもがテレビやラジオを長時間見たり聞いたりすると、空間を把握する能力が未熟であるのに、絶えず恐ろしい響きや実際に存在しているかのように見える空間と対峙しなければなりません。このような場合、本書で述べてきた音楽の授業は無意味だとは言い切れませんが、子どもの発達は多少違ってきます。このような子ども達は、例えばリコーダーの純粋で単純な音を聞くと、過敏に反応することがあり、過度に興奮させる恐れがあります。絶えずスピーカーから流れてくる音に慣れているため、自然の音を聞くと神経質になってしまいます。鳥の歌声に耐えられない人間と同様です。

子どもが幼ければ幼いほど前述のことが重要です。健常な子どもでも、出来るだけ長く悪影響から守ることが大切です。普通は思春期になるとこのような保護は不可能になります。思春期の子どもには、あらゆるものを探求したいという健全な欲求がありますが、有害なものの探求も例外ではありません。けれども健全な環境で成長出来たならば、自分の認識を持てるようになるチャンスは大きいのです。この認識は必ずしも私達と同じものである必要はありませんし、結局最後には彼らも自分達の道をみつけることが出来るでしょう。

しかし、障がいのある子どもや青年、大人の場合は全く違います。このことに立ち入る前に、ルドルフ・シュタイナーが「治療教育講義」で述べている人間の三層について知る必要がありますが、ここでは音楽的観点からこれらをみていきたいと思います。

第二節　健康と障がいにおける人智学的人間像

人間の三構造

代謝臓器で起こる多種多様な機能すべてを、頭がいかに把握しているかを、ルドルフ・シュタイナーは「治療教育講義」の中で述べています。私達の頭は神経・感覚系の重要な部分を担い、私達に自意識を持たせますが、その対極にあるのが、意識にのぼることの少ない、肉体における代謝系です。頭と代謝系の間にある領域（中央の領域）で、私達は呼吸と心拍を感じます。呼吸系は私達が直接コントロールすることも可能です。

頭に由来する魂の活動は思考と関連し、代謝の極（74ページ参照）は意志の分野を含み、両者の間にある部分、つまり人間の中心は、感情によって支配されています。これが心の領域です。しかし、人間のこの三つの部分は、それぞれ独立して無関係に機能しているわけではありません。頭に始まる神経・感覚系は人間全体に張りめぐらされています。細かく複雑な手作業をしている人、あるいはダンスで難しいステップを踏んでいる人を見れば、思考が手足の先にまで影響を及ぼしていることがよくわかります。感情も同じです。強い感情にとらわれ、その感情を詩によって表現しようとすると、思考が必要になります。手を使って書かれた思考の中に感情が表現されます。そして、意志も同様です。思考や感情によって形にしない限り、意志の力を発揮することは出来ません。
そして思考やイメージの世界も、魂の力がなければどうすることも出来ません。感情の温かさや意志の力を伴わない思考は、ただの抜け殻に過ぎません。肉体全体に息や血液が流れているのと同様、生命の流れが生命現象と魂のプロセスを持続させ、すべての領域をつないでいます。

音楽から見た人間の三構造 ①

メロディーは人間の表現方法のひとつです。歌いたい、音楽を演奏したいという願望は、常に呼吸系によるものです。これは響き、場合によっては和音、和声の分野でもあります。単旋律に於いても、メロディーに含まれるその他の二つの要素、つまり拍子（例えば四分の三拍子や四分の二拍子）の中にあるリズム（短い音や長い音）と音の高さが表現されると、響きは和声となります。

この三つの要素の全体はまた、とても細かく分類することが出来ます。代謝系においても、身体の中心や頭部においても、その要素は見出すことが出来ます。

この複雑そうに見える概念を、音楽を聞くことに例えてわかりやすく述べてみましょう。マーチを聞くと、足で拍子をとりたくなります（手足の領域・代謝系）が、美しい響きや和音に耳を澄ますと、ため息がでそうになります（中央の領域）。また、メロディーに含まれる音の高さを把握しようと思うと、身体は動かず、頭が音の高さを把握します。音楽から見た人間の三構成は、次のように表されます。

音楽から見た人間の三構成　②

今度は音の高さについてです。幼児の音楽的な発達段階のところでも述べたように「熊の声」は身体の奥深くで感じますが「小鳥の声」は頭で感じ（絶えず繰り返す高い音は頭痛を起こします）、そして私達が歌うときに好んで使うような「普通の声」は身体の中央の領域で感じます。

次は楽器について考えてみましょう。楽器の音はどこで感じるのでしょうか。先に述べたように、楽器は本来、私達の身体のある部分を延長した、あるいは投影したものです。フルートは私達の気管の延長として考えることも出来ますし、大型の真鍮製の管楽器、例えばチューバは腸と呼吸器官の組み合わせのようにも考えられます。弦楽器は手足と頭を除いた人間の形をしており、弓は腕の延長です。ライアーは私達の胸郭を拡大したものと考えることが出来ます。打楽器は代謝器官です。文明人である私達は、おなかを叩くことはなくなり、太鼓を叩くのです。

あらゆる文化において、それらがいくら単純であっても、楽器類全体は人間の身体全体を表現するものでした。いつも三種類の楽器があり、元来は人間の三構成を反映していました。現代のオーケストラの楽器ですら、すべて人間の三構成に由来するのです。

しかしこのことは、電子楽器については当てはまりません（ここでいう電子楽器とは、音を復元するための機器ではなく、従来の楽器や人間の声が出せない響きや曲を作り出すために使われる楽器のことです）。この場合、人間の頭は人間の本質における下位の部分と結びつき、人間の感情や意志を表すことがほとんど許されなくなりました。

ですから楽器に関しては、三構成は以下のようになります。

しかし、ここで忘れてはならないのは、私達を通過して音楽を演奏するときに楽器の中に行き渡る生命の流れが、高さ、低さ、中心、楽器、メロディー、和声、リズム、といったすべてを結びつけてもいるということです。

バイオリンは中央の楽器に属しますが、とても高い音も出せますし、チェロ（コントラバスも同様ですが）は低音を出しますが、中央の楽器でもあります。

発達に障がいのある子どもについて詳しく述べる前に、人間の三構造と楽器の三構成についてもう少し付け加えてみたいと思います。

起きている人間は、起きているように見えても全体が目覚めているわけではありません。起きているのは頭だけで、頭で考えて知覚しています。しかし心肺領域では、人間は夢を見ており、絶えず働いている器官のある代謝領域では、夢を見ている意識さえなく眠っています。音楽的にみると、この眠っている部分から拍子が発生し、リズムはどちらかというと中央の領域のもので、目覚めている頭では、かなり知的な作業である音の高さを知覚します。そして、響きや和声の感覚は夢を見ている中央の領域に由来します。

楽器についても同様です。高い音を出すフルートは目を覚ます効果があり、弦楽器、特にライアーは夢見るような調和した意識へと誘い、そして打楽器は直接に眠らせることはなくても、代謝からくる力で溢れているため思考を弱め酔わせることが出来ます。このような見方は、もちろん一面的なものに過ぎません。実際はこれらすべての領域が浸透し合って、人間の魂を完全に表現することになるのです。

発達に障がいのある子どものグループ指導

五歳から九歳まで

ここでも健常児の項と同様に年齢段階に分けて話を進めますが、子ども達全員が年齢に見合った発達をしているわけではない、ということはすぐにおわかりになるでしょう。一番年下のグループでは、三歳の発達レベルに達していない子もいます。「僕」や「私」と言えず、色の区別も出来ない、つまりまだ自己に気づいていません。この子ども達のために、もうすでに出来る子も含めたグループ全員で、幼児の遊びやリズム遊びをしながら「僕・私」と「あなた」についての感覚を養います。例えばみんなが輪になって、リズミカルに歌いながらボールを回していく、あるいは二人の子ども、つまり、すでに「自己」

の意識がある子どもとない子どもとで、互いにボールのやりとりをします。このことが、発達しつつある個人個人の可能性にとってのある種の基盤となります。さらに、呼ばれている子どもの方を見ながら、一人ひとりの名前を歌ったりもします。こうして、順番にみんながグループの中心、つまりグループの「僕・私」となります。

その他に、グループの中には真似が出来ない子もいることでしょう。とりわけ幼児期は、周囲を模倣することで、子どもがあらゆることを学ぶ時期でもあります。しかし、この発達に障がいのある子ども達には、まねる能力が欠けています。私達がすべてを大げさにやって見せたり、いつも模倣の手助けをしたりしなければなりません。さらにもっと効果的なのは、他の子ども達に手伝わせることです。幼い子どもは、大人からよりも子ども同士から学ぶことが多いからです。

あまり動かず、若干硬直した子どももいます。この子ども達を、とても穏やかな方法でもう少し動くようにするためには、ゆっくりと揺れるような歌を考えなければなりません。このような子ども達の場合、頭の固定した力が、身体を支配し過ぎているのです。多くの場合、頭は小さくて細長い形をしています。これに対して、まさに動いてばかりいるという子どももいます。混乱したかのように、代謝が他を圧倒しています。この子ども達のためには、動きたいという欲求を十分に満たしながら同時にその動きを整え、夢中になれる遊びや音楽を考えだします。

静かな子もよく動く子も、常に全員が参加するので、変化をつけなければなりません。何をしていてもなんでも自分がしたくなる子と、やっていることがわからない子が、必ず何人かいますし、発達に障がいのある子どもは、その差が歴然としています。グループ授業とはこういうものです。健常児のクラスでも、活動的な多血質や胆汁質な子と、おとなしい粘液質や憂鬱質な子のグループに交代に話しかけます。さらに、運動障がいや痙攣のある子もいるかもしれません。彼らも常に積極的に参加出来るようにしなければなりません。また、おとなしくて優しく見えて、突然、混乱や不快を示す子もいて、激しく動き窓ガラスを壊す場合もあります。これは精神疾患や精神疾患前段階の子どもです。このような子どもがグループにいる場合、大変慎重に動きを扱わなければなりません。動きも含めてすべてを、出来るだけはっきりと形成しなければなりません。こうして形成することで、極端な感情を表現している子ども達を受け入れる試みが可能になるのです。

特別な計らいが必要な子どももいます。外見は整っていて健康に見えますが、周囲に全く興味を示さない子、自閉症の子どもです。意味のある動作に誘わない限り彼らは何もしません。真似もしません。音楽の分野では、精神疾患の子どもも自閉症の子どもでも、とても良い結果が見られることもありますが、こうした結果に導くためには多くの場合、一人ひとりに合わせた徹底したセラピーが必要です。これについては後に取りあげます。障がいを持っている子どもの心的な限界に配慮しながら、私達はクラスに於いて、出来るだけ同じ年齢段階の健常児と同じ音楽教材を使うようにしています。

九歳から十四歳まで

九歳を過ぎると、グループの子ども達のいろいろなことが明確になります。何とか「僕」や「わたし」と言えるようになった子もいれば、全く言葉を話せなかったのにも関わらず、片言や簡単な文を話せるようになった子もいますし、入学レベルに達した子もいます。

音楽の面では、同年齢の健常児と大体同じようなことを行いますが、進め方を少しゆっくりにします。音の高さの区別が出来ない子、あるいは限られた音域（五音）しか把握出来ない子もいるでしょうが、教師はそれで満足しなければなりません。そのかわり、そのような子ども達はかえって熱心です。多声の曲を歌うことはたいていの場合不可能でしょう。言葉が話せないにも関わらず、澄んだ声でメロディーを補う対旋律が歌える子もまれにいますが、これはもちろん例外です。

それでも何とか本格的に演奏するようになります。年長になると、多くの子どもにとって、これが非常に重要な表現手段となります。同年齢の健常児にとって、生活を面白く豊かにする手段は無数にありますが、障がいを持っている子どもは、援助がなければ必ず狭く偏った世界に陥ってしまいます。自分が本物の音楽を演奏出来ることに気がつくと、その喜びはとても大きいのです。もちろん彼らの音楽は単純なものですが、我々の祖先の音楽もそうだったのです。

このようなグループの中に、ダウン症の子どものように、身体は変形していても生命の流れが正常な子どもが何人かいると、とても助かります。リズムや動きについては、この子ども達に教えることは何もありません。彼ら自身いつもリズミカルに動いているからです。

楽器は慎重に選ばなければなりません。リコーダーは頭に属し、目を覚ます効果があります。知的なさまざまな可能性を持っているのに、それらがまだ眠っていると思われる子どもにとっては、リコーダーは有益でしょう。しかし、脳損傷の子の場合は違います。リコーダーは知性を目覚めさせますが、損傷によって知性が妨げられているような子を混乱させ興奮させる力が生じてしまいます。

ライアーは、いつも調和させ落ち着かせる効果がありますが、あまりにも多動な子どもは、弦を引きちぎる傾向があるので、目的とは正反対の結果がもたらされてしまいます。このような子どもはまず、打楽器を使って自分をコントロールすることを学ばなければなりません。

リコーダーやライアーでメロディーを演奏するためには、一般的にはある程度の知性が必要です。知性が十分に伴わない場合は、決まった音程の出るリコーダーや和音に調律してあるライアー、あるいはボーデンライアーを使うと良いでしょう。そうすることで、別の人が演奏したり歌ったりしているメロディーを伴奏することが出来ます。こうして自分ではまだメロディーが作れないのに、メロディーに参加することが出来るようになります。

シロフォンを使う子どもについても、同じようなことが言えます。シロフォンは、メロディーを演奏することも出来ますが、伴奏に使うことも出来ます。その場合、ペンタトニック、または和音の組み合わせにしておきます。音を出すために使われる材料（薄い木板、厚い木板、銅、アルミ）については、後ほど述べることにします。具体的方法はさておき、こうして音楽をすることを学びましたので、積極的に次の年齢段階で用います。

十四歳から大人まで

この段階に入ると、簡単なオーケストラや合唱団を結成することが出来ます。その際、特に重要なことは、自分達が出来るようになったことをみんなのために使うことです。つまり、合唱やオーケストラの場合、季節の行事の準備にまわりの人々と共に参加することです。出来ることが多くなくとも、意欲がある人は誰でも参加出来るようにしますが、しかしそれは、全力を尽くす意欲のある人でなければなりません。何でも一応出来る人は、折に触れ、あまり出来ない人のことも認めなければなりません。そして同時にお互いの発達の邪魔になってはいけません。

一方、大人になる過程でいっしょにすることを望まなくなる人もいるでしょうが、これも現実です。この時期は、一般的に前段階で習ったことを拡充し、より大人にふさわしい形に到達することを目指します。可能な限り普通の青年と同じ授業を行います。

その他いろいろな打楽器を使った特別な練習も可能です。この練習は、大人になりかけているグループにおいてよく見られる抽象化の要求に対応しています。掛け算の練習、例えば、一の段や、二の段、三の段、六の段を使います。それぞれが自分の楽器で自分の段を弾きます。そして、六と十二と十八では全員の演奏が一致することがわかると、深い満足感を得ることが出来ます。

もちろん、もっと大きい数を使ったり、いろいろな段を同時に使ったりすることで、さらに複雑な練習も出来ます。簡単な方法ながら、こうして音楽のもつ一面、つまり音楽的なものの中に存在する数学的な面が前面に現れます。宇宙に根源をもつ人間として、秩序のある数字で表現出来るものに関与するのです。

さて、この年齢段階で、性的成熟を含む地上的な成熟に、ほとんど、あるいは全く達していない青年もいます。いろいろな分野でさまざまなことを学んで来ましたが、まだ十分に成長していません。これは特に仕事をなかなかしようとしないこと、つまり物を変化させられないことに現れています。

ある特定の物質、例えば焼き物用の粘土や木材や羊毛を扱うことを、非常に嫌がることがあります。このような人達には、音楽的に特別な方法で接する必要があります。一般的に、このような人々に音楽によって話しかけることは出来ますが、すべてがまだ不安定です。拍子やリズムを使って彼らを言わば地上へ引っ張ってこなければなりません。

多くの場合、このような青年達は知的能力にあまり恵まれていないので、私達はここでもまたイメージ、つまり「働くイメージ」を用います。薪を割ったり、のこぎりを挽いたり、大工仕事をしたり、水車を回したり、ボートをこいだりして、そして仕事が終わったら一休みをして、まわりを見渡してみます。このようなイメージは、幼稚園の子ども達に使うイメージと似ていますが、実際は全く別物です。幼児の場合は、子どもの運動能力を刺激したり和らげたりしますが、それから先のことは子どもが自分でします。大きい子ども（青年達）の場合は、彼らを引っ張ったり押したりすることをより意識的に、より地上的に、厳格に行います。彼らにとって子どもである時期は終了しており、自分と地上とのつながりをみつけなければなりません。さもないと一生、幻の世界に閉じ込められる宿命になるからです。前段階からの移行をスムーズにするために、初期にはまだ歌うことも良いでしょう。例えばリズミカルで、薪割りやのこぎり挽きや大工仕事にふさわしい歌詞の歌を歌います。彼らを仕事に誘っても必ずしもうまくいくわけではありませんが、試してみる価値はあります。仕事をすることは、このような子どもに大きな変化をもたらします。リズミカルな過程の中で、身体を仕事に用いることと、他人のためになる仕事に用いることを学びます。仕事がいくら単純であっても、人の役に立っていること、社会の一員であり人間であることを感じます。

次に心掛けなければならないのは、この子どもが仕事で「固まって」しまわないようにすることです。仕事に変化の幅や拡充の可能性がないと早期に老化してしまうからです。このことに関しても、音楽には役割があります。子どもの柔軟性を保つという役割です。しかし、これは私達にも言えることです。私達の魂、そして魂と共に身体も、大きな創造力とのつながりを保つことで、生きている限り動いている流れの中に留まらなければなりません。

歌うこと

次に、発達に障がいをもつ子どもや大人といっしょに歌うことについて述べます。子どもの場合は人数の多いグループでは歌いませんが、大人なら十分に可能です。

声にはとても個人差があるので、身体の機能を十分にコントロール出来ない人で構成されているコーラスの響きが、必ずしもきれいなわけではないことはいうまでもありません。それでもやはり、私達は響きから出発します。自分の声を完全にコントロール出来ない人も少なくありません。まず、他人の声を聞いて、自分の声だけが突出しないように歌うことを学ばなければなりません。次に、歌うときに喉頭だけではなく身体全体で歌うことを学びます。楽器を弾くときも同じですが、楽器の場合は完全な楽器があるのに対して、歌う場合は不完全な自分の身体を使います。全員で夢見心地の状態になり、歌や一連の響きの美しさにうっとりするようになれば大成功です。この分野で大変良い参考になるのは、カール・ゲルバートの「発声の基礎」[*4]という薄い本です。

「ヴェルベック式」（186ページ参照）を取り入れて、母音や子音を歌うための練習が掲載されています。

青年でも大人でも、男性と女性が一オクターブ離れて歌うことを理解出来ない人もいるでしょう。男性と女性が別々のグループに分かれて別々の場所に立っているにも関わらず、男声部を低い声で歌う女性がいますし、逆にファルセットで歌おうとする男性もいます。指揮者が与える歌い出しの音を聞いてその音を声に出すことは、そう簡単ではありません。オクターブの違いを徐々に意識出来るようにならなければなりません。この点に関しては、二つのグループを即興的に、歌で掛け合いをさせるのが良い方法です。男性は深くて低い「オ」で歌い、続いて女性が明るくて輝く「ア」の響きで歌い、最後に全員が「ウ」で終わります。これを基礎として、母音を使った新しい練習を次々に発見することが出来、響きから生き生きとした音の高さが決まります。母音を使った即興は指揮者がはじめ、必要な場合は手や拳で音の高さを示します。最初の楽譜もこのようにして出来たのです。それは、高いところと低いところの間で動く拳を絵にしたものでした。指揮者の指示に、コーラスは驚くほど速いスピードでついてくるはずです。

十二歳ぐらいの健常児にとって、オクターブを抽象的に理解することはすぐに出来ますが、発達に障がいをもつ子どもにとって、それは時間のかかる道のりです。歌うときには音程の質のよさにも注目します。何度も練習してから、ようやく歌い出しを正しい音程で歌えるようになったとたんに、歌全体が正しい音程で歌われるようになる場合もあります。出来るところでは、三和音、七の和音と音階も練習しますが、すべて単声部ではなく複数の声部で行います。和音に合わせてグループを順番に入らせ、三度の平行や反進行で音階を歌わせます。これに成功すれば、多声で歌うこと、少なくとも輪唱の練習が可能になります。

正しい音程で歌うことがほとんど出来ないグループもあります。しかし、正確に歌える人が例えば二人しかいなくても、長期間練習するうちに一種のきれいなハーモニーが出来あがります。真に「文明化された音楽」に慣れている人にとっては、なじみのない響きかもしれませんが、そこに、未開文化の原始的要素を見いだすことが出来るかもしれません。そして、音の高さが私達の慣れ親しん出来た決まった形をもたなくなると、逆に音楽の新しい形が出来てくるかもしれませんし、未来の音楽の道が開けるかもしれないのです。

昔、音に固有の周波数は決められていませんでしたが、規則性は確かに存在していました。そのような規則性はこのようなグループの演奏の中にも聞き取れます。しかし、そのためには長期間徹底して練習する必要があります。そして大人になってからでも、それまでずっと外れた音で歌ってきたにも関わらず、正確に歌うことは学習出来ます。多くの場合、自分が音楽の流れに受け入れられたと感じると、正確に歌えるようになります。

文化的推進力としての音楽

これまで述べてきたように、学校やその他の施設で大人や子どもと共に行う音楽との関わりとは、すなわち人類の進化の根底に存在する流れを呼びさます試みなのです。この流れをとおして音楽は古代に果たしていたその役割を取り戻すことが出来ますが、それだけではなく時代に合わせて未来を指向するのです。

昔、音楽療法は必要ではありませんでした。音楽は当然のごとく調和させる効果があり、従って人間を健康にし、その原点に戻す能力がありました。本書で述べた方法で授業が行われるどのクラスやグループでも、程度の違いはあるものの、治療プロセスから自然と生じる雰囲気が出来あがります。これは教師がクラスに持ち込むものから出来るのですが、それだけではなく、グループの各メンバーの相互作用によるところも大きいのです。グループはそれぞれ異なっているので、それぞれ全く異なる魂の世界の可能性が花開きます。ただし、一人ひとりにとっての調和の可能性がクラスやグループ内に十分にない場合には、目標を立て音楽治療を行うことにします。しかしこのことを述べる前に、人間の個性とその魂の力や生命現象、そして肉体との関係について触れる必要があります。

人間の四つの構成要素

人間の各構成要素にもう少し詳しく触れたいと思います。ルドルフ・シュタイナーはいろいろなところ（特に「神智学」[*5]や「霊学の観点からの子どもの教育」[*6]）で、人間がどのようにして二つの世界、つまり霊的な世界と物質的な世界で生きているかを述べています。

物質的な存在として、私達は鉱物や植物や動物と同様、地上のものです。私達の生命現象は植物や動物と同じです。生きているものすべては、成長し、繁殖し、死に、消え去ります。私達の魂の現象は動物と同じです。動物も私達も喜びや悲しみ、欲求、痛み、快感、衝動を感じます。感情によって、動物も私達も目的に向かって行動するようになります。しかし私達人間には、さらに個性もあります。これこそ人間一人ひとりの真に霊的な部分です。この「自我」という存在が、私達のもつその他の構成要素を形成するので、私達はこの世で自由に活動することが出来、動物のようにただ本能のみに従って行動することはありません。

私達の肉体は地上の物質から出来ていますが、生命体あるいはエーテル体が流れています。物理的には、エーテル体が体液の中に現れています。アストラル体は二つの構造体（肉体とエーテル体）に浸透しており、物理的に空気的要素（呼吸）によって表現されます。その一方で、私達の個性「自我組織」は、すべてを支配し、体温をとおして物理的にも知覚出来ます。

目覚めている状態に限って、この四つの浸透し合う構造体（自我・アストラル体・エーテル体・肉体）は、互いにつながっています。私達が眠ると、アストラル体と自我は、エーテル体が浸透している物質体から退き、つながりをほとんど保たなくなります。死ねば、上位三つの構成要素（自我・アストラル体・エーテル体）が肉体から離れ、肉体はちりとなり、ただの物質となります。

私達がこの四つの構成要素を完全に支配するようになるのは、二十一歳の大人になったときです。出生のときには、物質体以外の部分は、まだ母体に保護され守られている状態ですが、これは妊娠中に物質体が母親の子宮に包まれているのと同じようなものです。歯が生え変わる時期に、エーテル体が自由になります。つまり生命体は自立し、もはや単なる「母親の環境」の一部分ではなくなります。

前述したように、思春期になるとアストラル体は自由になり、二十一歳になると個性が自らをコントロール出来るようになります。しかしこれで成長が終わったわけではありません。これらのことから、若者がなぜ思春期を過ぎるまであらゆる種類の音楽とうまく付き合うことが出来ないのかがわかります。成人する前には、まだその段階に達しておらず、環境というフィルターをとおして知覚していたのです。以前にも述べましたが、魂体として祖先が長い歴史の間で体験したことを、どの子どもも個人のレベルで繰り返します。音楽的にはこの進化の道を、誕生から十四歳までに、五度、ペンタトニック、長調と短調と体験していきます。現代と未来に到達出来るのは、思春期、つまり地上での成熟の後です。その中で性的成熟は一部分でしかありません。そして、人間をさらに理解するために、三つの構成要素からなる人間と、四つの構成要素からなる人間との関係について知る必要があります。

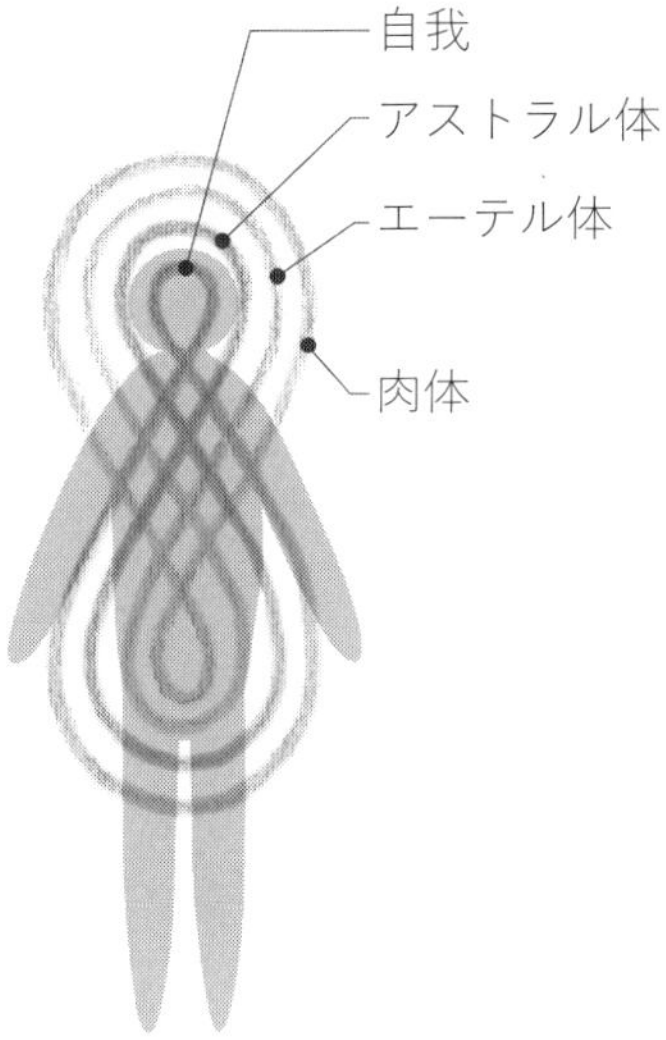

「治療教育講義」[*7]の中でルドルフ・シュタイナーは、人間の要素（人間像をなす四つの構成要素）の調和という観点から、頭部が新陳代謝を行う部分とはどのように異なるかということを詳しく述べています。自我は頭という中心部からその他の構成部分、つまりエーテル体とアストラル体、さらに固く外側にある肉体的頭蓋骨の中に浸透しています。上位の三つの構成部分は、固定することがなく、互いに浸透し合い、また肉体にも活発に浸透します。しかし、自我の効力はつねに頭部の中心から発せられます。

人間の新陳代謝の分野では、反対に肉体が中心となっています。肉体をエーテル体が包み、その上をアストラル体、一番外側を自我組織が包んでいます。ここでも各要素は互いに浸透し合いますが、自我は外から中へと作用します。そして人間の中心である胸部では、すべてが透過し合い、自我組織は内から外へ、また外から内へと流れます。

これらすべてを、大きな、色のついた、双葉曲線の動きとして考えなければなりません。このようにして人間をとらえることの出来る人にとっては、これらすべてを認識出来るのです。さて音楽の面でもある程度それを見出すことが出来ます。自我が中心となっている人間の頭部は、音の高さ響きの強度や響きの指向性を感じます。人間の新陳代謝が行われるところは、響きを周囲つまり手足の動きとして感じますが、人間の胸部はこれらすべてを総合し、さまざまな流れを調和させようとし、響きに美しさを加えます。そのため音楽を完全に体験するところは身体の中心と言えます。

しかし、私達の生きている知的な時代においては、音楽の分野においても、ますます頭が指導力を発揮するようになってきています。鋭く明確で予測可能な和音で出来た、より大規模な音の塊が作られています。音は一点から発せられ、ますます強烈に音域の広いものになってきています。むろん身体全体で音楽を聞いているのですが、頭が非常に重要な役割を果たしています。

これに対し古い音楽では、すべてが中心部分から発していることを聞き取れます。これは楽器にも言えることです。その響きは絶対に強烈で鋭いものではなく、どちらかというと、鼻にかかったような感じです。音の高さもある限度を越えることはなく、リズムもそれほどはっきりとはしていませんでした。

主に頭部に支配されている音楽（シェーンベルクの十二音音楽やシュトックハウゼンの電子音楽がその例ですが）と共に、人を酔わせるジャズやロック、ビートやポップスが登場し、それによって頭部は、完全に下半身や手足の力に支配されてしまいました。

しかし前述したことですが、現代人には音を空間的に体験したいという想いもあります。私達を囲む自我をとおして酔わさずに私達に到達する音。音が私達の中心から発する際、中心にある自我組織と共に頭部にも果たす役割がありますが、支配的で冷たく硬直したものではなく形成的でまとめるような働きをする、そのような音です。

コロイ楽器の構造も、音楽療法も、音の空間的な体験に基づいています。

これは、頭の中では統合する形成力であり、音楽的にはメロディーです。

頭部の力と新陳代謝の力は中心で調和します。音楽的には音と響きが非常に多様に混ざり合い、周辺の空間と人間の中心（心臓）、及び頭部の形成力とを結びつけています。新陳代謝の分野からは、意志の力が各臓器を透過しながら多様な形の魂の力として現れます。音楽的には、拍子やリズムを把握し、響きと音を空間的に体験する能力がここに宿っています。

「対応点」の治療的適用

人間は実際のところ、音や響きを身体全体で知覚しているので、全く耳が聞こえない人にも音楽療法を行うことは可能です。耳の不自由な人も、音を作り出している振動を感じるため、響きそのものを把握出来なくとも音楽的な動きに導くことが出来ます。動きをとおして、アストラル体と宇宙の大きな力を、さらに調和させることを目指すことが出来ます。言い換えれば、このような方法で耳の不自由な人も周囲の世界と直接つながることが出来るのです。

さて人間には二つの極があり、一方の冷たい極である脳には、鏡のようにものを映す能力がありま す。もう一方の熱の極である代謝部分が頭によって映し出され、逆に代謝部分は脳を知覚します。アーレスハイムにある治療教育施設「ゾンネンホーフ」の医師ヘルムート・クレム博士は、対応点という表現を使っています。脳に病気や障がいが発生すると、代謝系の特定の臓器に記録されます。この臓器は健康なあり方で全体に順応することが出来なくなり、身体全体に病気を引き起こすような方向に導いてしまうこともあります。逆に、代謝系の臓器が病気になると、脳において病気が知覚されます。

要約すれば、人間の身体に起こるどのような変化も、例えば髪一本抜けることも身体全体によって記録されます（ハンス・アスペルガー博士著の「治療教育学」も参照）。

対応点：1の場合では、頭に病気が発生し下の極点に現れます。
2はその逆の場合。

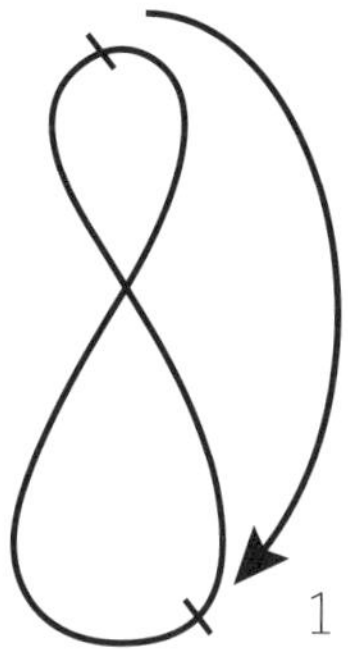

1

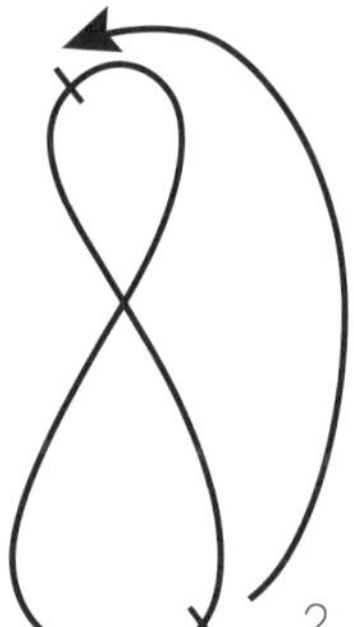

2

対応点は病気だけではなく、その他の分野、そしてもちろん音楽にも存在し、治療に利用することが出来ます。例えば、ある曲のメロディーに特定の変化が生じると、リズムも崩れることがあります。調和のバランスが壊れたからです。同様のことが逆のケースにもおこります。突然拍子が変わるとメロディーが崩れざるを得ません。

全体の構成を壊さずに曲を変えたい場合、響きか和声を変更するのが最も良いでしょう。声部を増やしたり、例えば伴奏の声部を増やしたり、声楽曲を楽器で演奏することも出来ます。こうすればメロディーの流れ、拍子、リズムは壊さずにすみます。

しかし、追加したり変更したりすることで曲の音色は変化します。つまり私達は曲の色調に影響を与えたのです。

同じ方法で、治療する際に誰かに影響を与えることが出来ます。強迫観念で悩んでいる、あるいは知的な能力が妨げられている人の場合は、その人のための特別なメロディーを与えても治療は進みません。その人はまさにメロディーにおいて自分の偏りを追体験してしまうからです。しかし流れている中央、つまり美しく調和した響きをもとにして、これを同じリズムが繰り返す簡単で単純なメロディーに変えると、その人は適切な分野においてリズムの中で自分の衝動的な部分を活かすことが出来ます。

それでも私達はリズムに少しずつ変化を加えます。その人の生命の流れの中に思考を調和すると期待出来るある要素を加えます。

意志活動が全く形成されておらず、意志の力もない人の場合、力いっぱい足で拍子をとらせることは、あまり効果がないでしょう。拍子をとることこそがその人の出来ないことだからです。この場合も、中央の響きの世界から出発し、前述の例と似たアプローチをします。どちらの場合でも、何が起きているのかを正確に把握し、どんなに小さな変化にも注目し、新しい練習に取り入れていきます。中央を少しずつ、メロディーの方にもリズムの方にも広げていきます。

頭脳に合成力があり、意志も十分にあるのですが、調和した流れを結びつける要素が欠けている場合には、簡単な韻律的な形からスタートし、リズムの繰り返しに拡大し、次にそのリズムに少しずつ変化を加えます。ただし、常にメロディーの音域は限定したままにしておきます。楽器を変えてさまざまな音色で演奏し、強弱をつけ、テンポを変えることで曲を面白くします。再び中央に戻りますが、今度は正常に機能する意志の分野をもとに構築します。和声部も加わってきたこの時点で初めてメロディーをふさわしく扱うことが出来るようになります。

音楽における夢の意識

音楽療法で音楽的な流れとして感じ取っている生命の流れが、常に自分達の中にもあることを、私達は自覚しています。しかし、そのためにはある特定の心理状態に達していなければならず、音楽と関わるときは常にこのことを意識していなければなりません。治療、または教育目的で他人と接するとき、このような状態の中で、その人達を導くことが出来なくてはなりません。

一九一四年十二月二九日にドルナッハで行われた講演の中で[*9]、ルドルフ・シュタイナーは、人間が夜に眠り、昼に起きているだけでなく、夜に思考・感情の活動が休み、昼に意志・感情の活動が休んでいると述べています。

「自我をアストラル体の中に沈潜させると、人間はこの意志 - 感情の中に沈潜することになります。ふだん眠っているものの中に人間が自我を持って意識的に沈潜するということに、音楽の本質があります」

「人間有機体の中の生気ある諸力と音楽の働きとの関係です。人間全体に浸透し、人間と一体になり、ともに成長するものと、流れる音との関係が生み出されるのです」

音楽療法はどのような場合に適用出来るのか

前述のシュタイナーの言葉からわかるように「自我」がアストラルの部分に沈み、音楽的な法則の中でアストラルの部分を知覚するとき、音楽は「自我」構成を表現するものとなります。ただし、人間の「自我」存在、つまりその精神が、他の部分と違って病気にならないことも事実です。アストラル体は肉体の変形、あるいは生命現象の不適切な働きによって他の部分とのバランスを崩すことがあります。他の部分から離れ過ぎる、あるいは密着し過ぎることもあります。そうなると、多くの場合、自我組織が正常な役割を果たすことが出来なくなってしまいます。音楽療法の対象となる人は、症状の原因が主にアストラル体の働きに由来する人です。音楽療法の目的は、一時的な感情の開放ではなく、体質上のプロセスを変えることです。このプロセスに少しでも改善が見られれば、音楽療法で完全に癒されることはなくとも、病人の負担ははるかに軽減されます。

健常者で感情と自己のバランスがとれていても、そのことがすなわち、強い喜びや悲しみの感情を体験出来ないことを意味するのではありません。「我を忘れる」ことがないか、あるいは一時的にしか忘我状態にならないのです。人はショックや喜びで「我を忘れる」ことがありますし、痛みや悲しみのため「自分の中に閉じこもる」こともあります。どちらの場合も声に出すでしょう。ショックまたは喜びのため叫ぶ、あるいは痛くて思わず声を漏らすのです。快感も人に「我を忘れ」させ、その人を周囲や肉体的な感覚に埋没させることがあります。このような極端な感情をもつ場合に発せられる叫び声には、魂を再び肉体に戻す働きがあります。つまり魂は、再び肉体に固定されることになります。そして、痛みや大きな悲しみのために思わず声を漏らすと、痛みによって肉体と魂があまりにも強く結びついていた状態から、思わず漏らした声またはわめき声によって、アストラル体が再び肉体から多少離れるようになります。

このような感情はすべて、魂自体の言葉で音楽的に表現することが出来ます。古代では、このような方法で、緩め、固定するやり方を、人は熟知していました。誰かが亡くなれば、泣き女達が死者に従って何時間も歌い続けましたし、戦士は戦に出るときに、恐怖のあまり我を忘れないように、掛け声や歌を歌いながら戦場に赴きました。古代ギリシャでは、完全に快感に身を任せるディオニュソス祭でも、我にかえるために歌い踊りました。健常者の場合、激しい感情的な出来事の後でも、自発的にバランスがもどります。しかし、体質のために完全なバランスが得られない人もいます。次の節では、このような病状をいくつか取りあげます。

第三節　病状

ヒステリー

ヒステリーを患っている人は、自分を見失っているか、あるいはその反動で全く自分の中に閉じこもっているかのどちらかです。わずかな出来事で激しい感情をあらわにすることもあり、同時に、内面的なことから深い悲しみに陥ってしまうこともあります。このような人の場合、エーテル組織が弱いので、ある臓器（例えば肝臓や腎臓）のアストラル体が十分に機能していない状態にあります。そのため、アストラル体が常に流出しているので、外界に傷つけられてしまいます。まわりにあるものなら何にでも恐怖を感じ、その結果、自分の中に閉じこもります。このことが絶えず繰り返されるのです。まずアストラル体が流出しているため、外界に深くもぐりこんでしまい、その反動として自分の内面に閉じこもります。

これはヒステリー患者の一般的な病状ですが、この病気の症状は多様で、大人と子どもでは異なります。ルドルフ・シュタイナーは子どものヒステリー症状を「治療教育講義」の中で述べています。大人の場合は多少症状が軽い場合もあり、あるいはある特定の状況で極端に現れることもあります。特に男性の場合は強迫神経症になることもあります。

ヒステリー患者を音楽療法で治療するとき、私達は流出しているアストラル体を利用します。音楽家にも肉体に密着し過ぎないアストラル体が必要ですが、アストラル体を自由にコントロール出来るからこそ、音楽家になれるのです。

ヒステリー患者には流出するアストラル体をコントロールする力はありませんが、このような状態にあるため、通常、やや音楽的になることが出来ます。出来る限り早く「本物」の、年齢にふさわしい音楽を体験させます。思春期に達している場合は、本人の好みを優先させることも可能です。ほとんどの場合、美しい本物の音楽を好むでしょう。はじめから楽器を演奏出来ることはあり得ませんが、音楽的な動きを練習し、歌うことが出来ます。多くの場合、若い女性は美しく高い声をしています。常に感情に圧倒されているので、甲高い声になることもあります。しかし、声がきれいであってもなくても、なるべく早く楽器の演奏に移ります。新たな身体の一部となる楽器には、肉体と魂を結びつける力があります。多くの場合、患者は高く明るい音を望んでいるので、高く明るい音から始めます。ヒステリー傾向のある人のほとんどは音楽的であり過ぎるため高い音を好みますが、平均化し中庸になるように努め、そして本人が望んでいないことを決して無理やりに押しつけないようにします。彼らのもつ魂の性質上、音楽を「役立つもの」や「セラピー」として受け入れることが出来ません。彼らにとって、音楽こそが自由に動き回れる傷つけられることのない領域だからです。

それでも、私達はあらゆる音楽の道へと彼らを導くよう努力しても良いのです。低い音、別の楽器、そしてうっとりする音楽だけでなく、リズムや拍子のある、包み込む要素のある音楽へと導くのです。こうして一人ひとりがそれぞれの方法で豊富に音楽を体験し、この体験をとおして自分を保護する手段を作り、外界と距離を持てるようになります。

楽器の演奏を学ぶために必要となる持続性は、同時にその人のエーテル的な構造を秩序づけるので、日常生活でも、仕事や他人との付き合いで、より落ち着いたリズムが生まれます。

精神疾患及び精神疾患の前段階

ヒステリーの人に当てはまることは、精神疾患の子どもや大人には、さらにぴったりと当てはまります。彼らは恐怖や緊張の中で生きているのですが、その多くは私達には想像もつきません。彼らの特異性は、生まれる前の人生の深い闇に由来します。精神疾患の子どもや大人と関わるとき、輪廻やカルマについての知識を深めることは欠かせません。精神疾患の幼い子どもは、短い地上での生活からの経験や出会いから得たとはとても思えない想像や絵や言葉を発することがあります。彼らは遠い「過去」から生きており「未来」への途上にあり「現在」との関わりに大きな困難を覚えています。あらゆる形で死を経験します。年齢段階も実年齢と合いません。本来の子どもらしい絵を描かず、多くがおとぎ話にも全く興味を示しません。彼らは周囲や自分の中で、もっと面白く、また、もっと恐ろしいことを経験するからです。それに比べれば、現実の世界はつまらなくて退屈です。

精神疾患を持った子どもは、私達には見えない生き物を相手にしていることがありますが、私達が定期的にその子どもといっしょにいるようになると、私達も生き物を知るようになります。その命あるものには名前があり、生き物がまた出てきそうになると、私達もその子どもと共に恐怖を感じます。その命あるものが、子どもを何時間も叫び続けるほど狂うほどに混乱させることが、私達にもわかってくるからです。別の生き物は、もっと怖いかもしれない笑いの発作を起こさせます。ひきつけを起こすほどの笑いの発作に、子どもは我を失い、まわりの世界が聞こえなくなり、見えなくなり、何も感じなくなってしまいます。また、私達に見えない生き物の中には、子どもをなぐさめてくれるお友達がいることもあります。

このような子ども達の多くは、絶えず（前後や左右に）揺れて動くことで自らを夢見心地にします。それは、面白くない外界に煩わされないためです。

また、このような子ども達の多くは、出産直前、途中または直後に脳に障がいを受けています。その結果、いずれかの代謝臓器、例えば腎臓が脳によって正しく把握されなくなったのです。そのため、アストラル的なプロセスの中で腎臓は独立するようになりますが、アストラル的なプロセスを一番強く形成するのが腎臓系なので、代謝系の中で正常な役割を果たすために、本来なら臓器の中にとどまるべき力が間違った方法で解放されてしまいます。ルドルフ・シュタイナーが一九二一年七月一日の講演[*10]で用いた言葉を借りていえば、臓器のエーテル的な部分にも異常があらわれるため、この臓器はまさに「搾り出されて」しまいます。

形成的な力を発するはずの頭部は氾濫し、その機能を全く、あるいは部分的にしか果たせなくなります。もちろんこれは常にそのような状態にあるのではなく、時々発作が起こるのです。しかし多くの場合、この不安定で常軌を逸する代謝過程が常に潜在的に存在するので、子どもの学習能力は制限されてしまいます。

幼児期は多くの場合、難しい時期です。その後、六歳から十二歳、あるいは十四歳までは、やや落ち着いた時期になるので、いくつかの学習過程を始めることが出来ます。思春期前期（アストラル体がエーテル体に浸透している時期）や、正常に活動出来ないアストラル体が自由になる思春期は、まだ自分で感情がコントロール出来ないために、学習することが再びとても難しい時期となります。そして、十七歳になってもまだ困難な時期が続くこともありますが、その後、通常の発達を遂げる場合、感情の活動がやや落ち着いてくるので、さらに強固な思考活動を形成するための基盤を準備することが可能となり、自我組織が生まれます。前にも述べたことですが、このような子ども達の場合、学習課程は実年齢と一致しないものの、この時期に起こる魂の移行は、この時期の子どもの特徴として非常に強く現れ、劇的なことさえあります。

このような子ども達が大人になるまでに、前述の移行プロセスが潜在的にありながら、本格的な精神疾患にならない、精神疾患前段階の人もいますが、前述のような深い谷を歩んで来た人もいます。条件に恵まれて、二十一歳で自我組織の一部がまだコントロール可能な場合、作業が大きな役割を果たすことの出来る、ある程度落ち着いた時期が始まることもあります。最も荒れ狂った激しい感情の時期が終わり、より人間的な可能性が出てきます。とにかく、激しく荒れ狂った感情が再び溢れ出ないように、全体にきちんとしたリズムがあり、芸術的な活動の余地を与えるような生活に彼らを導くことが大切です。生きることを運命づけられているのは、芸術の世界です。精神疾患者は、生涯、絵と色の世界や、インスピレーションを与える音の海や、言葉との直感的なアプローチと関わっています。彼らはその中で迷い込み、目覚めるのが早過ぎたのです。普通の子どもは生前の世界で夢見ることをして、その夢が体の中へ沈み込むことで、地上の生活のために時間をかけて目覚めていきます。しかし、彼らは目覚めるまでの時間が短かったのです。

固定した行動規則を与えても、精神疾患の人を助けるためには役立ちません。彼らの恐怖や快感や不快の激しい感情は、突風のようにすべてを吹き飛ばしてしまいます。しかし、ひとすじの光が見えないこともありません。この子ども達の多くが前後左右に揺れる動きをすることは前にも述べました。これは音楽を取り入れるための良い機会ではないでしょうか。幼い子どもは、嫌がらなければ（直接触れられることを耐え難く感じる子もいるので）膝に乗せて、小さい声で歌ったりハミングしたりして動きを共にすることが出来ます。このようにして子どもを、その素晴らしさや醜さの中で、また怖さや快い世界の中で、孤立させずに共に行動するのです。なにがあってもそばを離れてはなりません。ただし、私達の思いがそれ以上強くならないように気をつけなければいけません。子どもにきっかけを与えはしますが、その先はいつも子どもが自ら動き出すように、イニシアティブを子どもが取るようにしなければならないのです。

こうすることで次の基盤を築くことが出来ます。私達が自分の意志や苛立ちを抑えることが出来るようになると、そのうち子どもから多くを学ぶことに気づくでしょう。私達が忘れてしまった世界の中に子どもはいます。そしてその子と共に歌い演奏する音楽は、やがて、私達と子ども、子どもと地上との掛け橋になってくれるでしょう。

このような子ども達は、その搾り出されたような組織的アストラル体のために、当然、音楽的です。しかし、子ども達が、私達の世界における音楽の形式を習おうという気にならなければなりません。全く予期していなかったのに、突然、習った歌をハミングしたり歌ったりつぶやいたりするのが聞こえてくるときは、最高に嬉しい瞬間です。

先の例に述べた子どもが成長し、ピアノでいろいろと試してみるようになりました。音程を発見し、その音程に名前もつけましたが、ここでもこの子の成長のしかたは、他の子ども達とはとても違うことが見られました。下降する「幼児三度」は好まず、長三度を好み、そして一番好きなのは二度、七度、増四度など、つまりあらゆる不協和音でした。子どもは各音程に奇妙な名前をつけて、寝るまえに教師に音程の名前を言い、その音程を歌って欲しいとせがみました。教師はそれを覚えるのにかなり苦労しました。音程を間違うと、大変な騒ぎになりました。教師はようやく音程の名前を覚えると、これを使って即興で歌いました。それを子どもが受け入れてくれたので、そのうちにペンタトニックの子守唄が出来あがりました。こうして、この子は少し落ち着いて、まだ四歳だったので、しばらくして実年齢段階で生きることが出来るようになりました。

学童期にある精神疾患の子どもも音楽につきあってくれますが、これも通常歩む道とは異なっています。私が音楽を教えていた療育施設のクラスに、九歳くらいの精神疾患の男の子が二人いました。彼らは落ち着いたときにはなんでも普通に出来ましたが、どちらかひとりの感情が爆発すると、もうひとりも爆発しました。このようなときに救いになるのは、ある特別な歌だけでした。動きを伴うリズミカルな歌で、木を切り倒す歌でした。大変強いリズムでしたので、子ども達の支えとなり、木を切る（つまり何かを破壊する）ことは彼らの好みに非常に合っていました。

ある日、このような状態にあるときに、音楽療法を見たいという二人の精神科医が訪れました。感情を爆発させないために、唯一の手段はこの歌だと私にはわかっていました。そして、十本目の木を倒したあとで、二人の客は退散してしまいました。この子ども達に本格的な音楽療法を行うためには、個別にするよりほかありませんでした。一番成功したのはシロフォンでした。ひとりずつ質問・返答遊びをしてみました。彼も私もシロフォンを持っていました。私が彼の年齢にふさわしいきれいな音楽を奏でると、彼は全く興味を示さず、反応もしませんでした。しかし、私が速くて脈絡のない複雑な音の型を鳴らすと、彼も同じように音を鳴らして返答し、とても楽しんでいました。十二音技法の音楽からのリズミカルなものを使うと、これに応じてきました。妥協してシロフォンをペンタトニックにしましたが、前述の子どもほどの音程感覚がなかったので、特に気を使うことはありませんでした。

彼はとても喜んでアルミ棒を叩いて長い残響を好んで聞きました。響きの中で、自分の正しく統合されていないアストラル体を体験していました。彼にとっての治療の道は、少しずつアルミから銅、そして木材へと移ることでした。こうしてさらに自分に戻れると同時に、より落ち着いたリズムに達することも可能になりました。とても長い道のりでしたが、ある程度まで到達出来ました。

精神疾患を経験した若い大人にとって、お互いに慣れることを学ぶために、少人数のグループにすることも効果的かもしれません。通常の生活ではうまくいかないことが多いのですが、音楽ではお互いに慣れる練習が出来ます。その場合、中には音楽的にもっと進んだ段階の人もいるかもしれませんが、とても簡単な段階から始めなければなりません。また、単純な手段を用いる一方、音楽に非常に集中しなければなりません。彼らが音楽の世界に到達したとたんにみんながひとつになり、そしてこのような小さな音楽的奇跡が起こると、何年も共に成長し続けることがあります。可能性がさらに広がり、彼らの常に波乱に満ちた人生の中で、音楽は落ち着いた安らぎの場所となる可能性があります。

急性精神病

しかし、激しい急性精神病が燃え上がったときには、どうすれば良いのでしょうか。そのようなときに本来の意味での療法は不可能ですが、それでも音楽が役に立つことがあります。音楽に耳を澄ますことで、しばらく落ち着くこともあります。

急性の狂乱発作で悩んでいる十七歳の少年のために、バッハの「平均律クラヴィーア曲集」から一曲目の前奏曲をライアーで演奏しました。一回ではなく、二十回から三十回も、しかも少し暗くした部屋の中でした。その後、彼は必ず聖書の場面の描写が載った本を見たがりました。この方法を使うと、いつもしばらくの間は効果がみられましたが、その直後に再び症状が現れることもよくありました。これでは本当の治療だとは言えません。このような場合は、荒れ狂う魂の力をそのままにしておくのです。音楽が続く限り、その荒れ狂う魂の力は無力です。宇宙と人間の力に対して、支離滅裂になった代謝の力は抗うことは出来ません。人間の自我構成がこの分野を支配する力を再び得なければ、回復の過程も始まらず、本人が自覚していようといまいと、別の人生の道を歩むことになります。治療者として、こういうこともときには受け入れなければなりません。

大人になって発症する精神疾患

前述のグループと違って、普通に発育しながらも、大人になってから急性の精神疾患にかかり、何度も発症を繰り返す人もいます。彼らの「現在」は過去との関係がなくなり、生命の糸は途切れてしまったかのように見えます。このような人の場合、音楽によって以前の人生から何かを呼び戻すことを試みます。過去における音楽との接点、例えば好きだった音楽の種類や楽器や歌を探し出します。こうして音楽によってある種の「感情記憶」が呼び起こされ、現在の硬直がいくらか和らぐかもしれません。通俗的な音楽を好んでいた場合には、そのような音楽も使わなければなりません。つまり、本来の意味の音楽療法ではなく、音楽という手段を使って、その人を過去から新しい未来へ導くことが目的だからです。

自閉症の子どもの場合は、感情的には精神疾患の子どもで述べたことと逆のことがおこります。精神疾患の子どもの場合、代謝系が非常に混乱しており、自閉症の子どもの場合は臓器が沈黙していまず。私達は感情を動かされることを経験すると、その感情を下腹部に至るまで感じます。下腹部も共鳴するのです。自閉症の子どもの場合、臓器が沈黙しています。反応が見られても、それは頭部からの反応でしかありません。このような子ども達の多くには、いわゆるオウム返しが見られます。全く話さない子どもや、年齢がずいぶん進んでから話し出す子どももいれば、表現が上手な子もいますが、その場合でも抑揚はありません。おとぎ話に出てくる王子様やお姫様のように整った顔立ちの子も多くいます。私達の周囲では、このような子ども達が増えてきたので、昔の定義が当てはまらなくなっているケースも多くあります。個人差が大きくなっているようです。彼らに見られる唯一共通する特徴は、まわりから引きこもることです。しかし、引きこもり方はそれぞれ異なります。自分自身のことにしか全く興味を示さない子について、周囲の人達は、この子は目が見えない、または耳が聞こえない、あるいは耳も目も不自由だと思ってしまうこともあります。また、特定のことには興味を示すのですが、これは必ず物に対してであって人間に対してではない、といった子どももいます。変化を嫌がり周囲に特定の秩序を求めます。秩序が壊されるとパニックを起こします。まわりの物を触るだけではなく、匂いをかいだり舐めたりもしますが、これは幼い頃だけではなく大きくなってからでもします。

精神疾患の子どもと同様、実年齢の発達段階とは合いません。私が知っている自閉症の女の子は、素晴らしいピカソ風の絵を描いていました。彼女の絵から見られる芸術的な体験は、実際の年齢をはるかに上回っていました。風や嵐を除いて、他の物には全然興味を見せませんでした。幼い子どもで実年齢の発達段階に全く適合しない場合は、誕生から二十一歳ごろまで覆われているものの障がいと言ってよいでしょう（70ページ参照）。通常は、七歳まではエーテル体はまだ覆われており、十四歳まではアストラル体が覆われており、二十一歳になるとようやく人間の自我が自由になります。

しかし、出産の直前、途中、または直後にショッキングな出来事があったために、子どもが新しい地上の環境が怖くなり、引きこもってしまった可能性があります。本来ならばまだ眠っていなければならないのに、無理やりに起こされてしまったのです。出産の経過が早過ぎると（例えば人工的に始められた出産の場合）、子どものアストラル体まで起こされてしまうことがあります。しかし、子どもにはまだその準備が出来ていません。このような子どもは出産後に覚醒し過ぎていて、よく動き、普通の子どもより表情がはっきりしていて、眠れないことがあります。全く眠らないことと、あまりにも深く眠っていてなかなか起こせないことが交互に起こります。

また、母親が妊娠中にショックを受けたこと、あるいは幼いうちに強い感情的体験を伴う小児病にかかることで、子どもが通常の成長過程からはじきだされることがあります。引きこもってしまい、再び発達し始める場合もありますが、健常児の発達とは大きく異なります。子どもの中には、学習する方法を見いだす子もおり、その多くは、大人になって本当の意味で働くことも出来るようになります。

自閉症の子ども達の代謝臓器は「沈黙している」と前にも述べました。彼らの生命の流れは自明なこととして流れるわけではありません。しかし、このような子ども達は、人によって大きく違う表現力をもつことがあります。

人間の三つの構成要素の話に戻って、頭部の力がどのようにして形成するように働くかを再度みてみましょう。有機体が正常に働く場合、頭部から発する形成力は、常に生き生きと動いている下の極に働き、正しい流れを発生させます。しかし、自閉症の子どもの場合は、頭部が静止しているので、有機体全体も硬直する危険性があります。これは当然、絶対的な意味ではありません。そのようなことになれば、生きられなくなってしまうからです。しかし、このようなイメージを使うことで、ここでもさまざまな差異を表現することが出来ます。

頭部の力は全く独立しているために、頭部は反射し、こだまを返す（言われたことをそのまま繰り返す「オウム返し」のように、刺激に対して処理をせずそのまま返す）ことしか出来ない場合があります。このような子どもの多くは、とてもうまくしゃべることが出来ます。（いちばん得意なのはおしゃべり！）しかし、そのおしゃべりは、まわりの実際の出来事との関係が非常に薄いのです。彼らの動きや感情の活動は独立した道を歩み、頭によって導かれることはほとんどありません。

これほどはっきりと表面に出ない場合もあります。彼らの場合も頭が支配的ですが、偏った方法ではあるものの、感情や意志をある程度まで頭でコントロールすることが出来ます。思考が世の中から全く離れて活動してしまう前者のグループと違って大変知的です。ハンス・アスペルガーは著書「治療教育学」で、このように偏った才能を持っている人のことを書いています。その説明によると、このような人達の多くは、普通の社会生活を送っていながら、才能が偏っているので、特殊な仕事、例えば科学研究（ある極めて専門的な視点についての研究）や、曲芸（同じ動きを完璧になるまで何回も繰り返し練習する）などに惹かれます。また、その偏りのせいで、普通の生活を送るには傷つきやすい、あるいは傷つけやすいですが、正確さと仕事への意欲があるので、保護された環境ならば良い成果をあげる人もいます。

また、自らの中心で全く身動き出来なくなっている自閉症の子どももいます。音、光、動き、色や人間、これらの中には快く感じられるものもありますが、多くのものをやや不快に感じます。このような子ども達は叫びや金切り声で感情を表現することがよくあります。これは必ずしも苦しみによる叫びではありません。叫ぶことが快感になることもあります。長時間続くこともあるし、繰り返し叫んだり、叫びながら飛んだり跳ねたり手を叩いたりすることもあります。この子ども達には必ずしも理性が欠けているわけではありませんが、彼らのもつ形成力では、いつも同じ感情表現を繰り返すことでしか表現出来ません。

その他に、代謝系にとらわれている子どもと大人がいます。このグループについては、レオ・カナーが記述[*11]しています。彼らの場合も、生命の流れの強さは三つの部分全体を十分に流れるほど強くはありません。下のレベルの感覚に魅了されています。味わったり、匂いをかいだり、触ったり、叫んだり、また、私達に知覚出来ない関係性を感じています。例えば、いろいろな物を並べるときに、必ず等間隔におかないと気がすまないなどです。しかし、食卓についている十二人あるいは十四人には、紅茶ポットとジャムの瓶との間の不思議な関係が全くわかっていないので、大変なことになります。

こうして自閉症児・者が叫びだす機会はいくらでもあります。あるいは喫茶店から出るときに、入って来たドアの鍵がなぜか閉まっているとします。別のドアを使わなければなりません。でも、これは彼らの儀式行動に反するので、大きな叫び・騒ぎ声をあげることとなり、その結果として恐怖を感じて青ざめた人達、つまり喫茶店の他の客はあわてて出て行くこととなります。しかし精神疾患の人と違って、この客達には破壊行動を起こさずにはいられない力は働かないので、窓が壊れるなどの心配はいりません。

私達はこのような儀式行動に対応しなければなりません。触覚は、まさに同じドアに触りたいのであって、別のドアでは我慢出来ません。硬直した頭の形成力は、ここでも多少働いていますが、このような瞬間には、理性は全く感じられません。それほど緊張がない、つまりその人がある程度リラックスした状態のときには、孤立したままではあるものの理性は働いています。

そしてもちろん、前述の各グループの症状が、いろいろな形で重なり合っている場合もたくさんあります。同様のことは自閉症ではない私達にも言えます。私達のほとんどが、思考と感情と意志の関係について多少の偏りを持っています。しかし、私達の場合は、生命の流れが正常である限り（年齢によって包まれた、または自由になった）、自我を調整します。まさにこの点が自閉症の問題です。地上の生活に影響をおよぼすための機会が、彼らの自我には十分にありません。多くの人は「僕・私」と言いません。一生それを言わない人もいれば、七歳や九歳で言えるようになる人もいます。自分のことを言うために「ボク」や「ワタシ」を表現する独自の造語を使う人、あるいは三歳前の幼児のように自分のことを言うのに自分の名前を使う人もいます。

さて、このような人達の発達のために、音楽がどのように役立つのかをみてみましょう。音楽的な現象がアストラル体と自我の間に起こることは前述のとおりです（69ページ以降参照）。自閉症の人には自我がありますが、その自我には介入する能力がありません。幼い自閉症の子どもに音楽療法を行うと、初めは興味を示さないでしょう。構わないで欲しく、周囲が安定した秩序ある状態にあるようにと望んでいます。私達はこの秩序を利用することが出来ます。つまり音楽は秩序を作り出す（与えてくれる）要素になります。やや長い期間に渡って、音楽を伴った簡単な短い動きをしたり、簡単な楽器を弾くように誘ったり、いっしょに歌ったり、つまり一連の動作をすべて行ってみます。ただその順番を決めるのは私達ではなく、子どもです。私達は提案したり誘ったりはしても、決して強制しません。いちど出来あがった順番は、ある期間、保持しなければなりません。ただし、子どもといっしょに私達も音楽的な硬直状態に陥りそうになったら、気づかれないように、新しい出口を開けます。自閉症の子どもは自分の感覚にあまりにも強く引き込まれているので、誘うのは簡単です。強い音や特定の楽器を怖がる場合もありますが、その反面、自分の好みもはっきりと示してくれます。すべての芸術と同様、音楽も感情の活動を客観的な道に導く効果があるので、生き生きとした生命の流れを促すことが出来ます。そして、音楽が多少快い音であるだけでなく、（どんなに小さくても）メロディーとリズムと拍子があることを体験するようになります。子どもがここまで来たら、私達は正しい道にいるのだと言えるでしょう。

自閉症児の場合も、ほとんどの子どもが音楽的であることを経験してきました。この段階に来れば、グループの中で動いたり、歌ったり遊んだり出来るようになり、他の人達の息の流れとひとつになることを実感し、仲間のひとりになることが出来ます。

このような状態になって来たら、子どもはある程度まで自閉症から開放されますが、これは別の面にも現れます。学習出来るようになり、年齢が進むと仕事が出来るようになります。自閉症者はこのようなことはしないと本に書かれていますが、しないと言われていることをするようになります。アイコンタクトがとれ、会話したり、友達が出来たり、遊びに参加したりします。人生のはじめの数年が違っただけなのですが、その違和感は生涯その人から感じられます。

アスペルガーが書いている特定の分野にのみ才能のある人は、知的能力があるために多くのことを吸収し、決して付き合いやすい人ではないものの、自力で社会の中で生きていける人もいます。また学校で教育は受けたものの、その後に援助が必要な人もいます。このような人達も音楽に深い興味を持っています。彼らは音楽のもつ数学的な面、その秩序に反応します。メロディーを形成する感性があり、そして音の高さに対する感覚を持っています。（ほとんどの人には絶対音感がありますが、これは前者のグループの人にも多くいます）うまく拍子とリズムをとれますが、洗練されていくことはありません。なぜなら、ハーモニーの中心である響きの領域が十分に発達しないからで、頭部、つまり頭の力の硬直がここにも影響しているからです。彼らが優しく、あるいは力強く演奏するのは、楽譜にそう書いてあるからであって、自分の中でその必要性を感じているからではありません。

ここで音楽療法のセラピストの仕事が始まります。セラピストはまず、自分がセラピストであることを忘れる必要があります。才能の偏った人と普通に音楽をする音楽家でなければなりません。教えることもあまりなく、彼らは初見で演奏することが出来て、音部記号が替わっても平気です。楽器もうまく弾きます（大きいライアー、あるいは小さいライアー、中音域の楽器）。ポリフォニーの曲も難なくこなしますし、現代的な響きも嫌がりません。大切なことは、本当の美しい真の音楽に到達することです。音楽を練習することによってつながりを作り出し、人間的な呼吸法が出来るようにならなければなりません。そのためには音楽の要素そのものが活躍します。いろいろな種類の音楽を演奏することが大切です。才能の偏った人は、どの分野でもまず数学的な要素を探し出しますが、偏りを減らすために、触れる分野を広げていくということが大切です。そのことによって総体的に発達するからです。失敗や道から外れることもあるでしょう。個性の強い人達ですから、常にお互いの音楽性を認め合うことは必ずしも簡単ではありません。しかしこのことは「通常」の弦楽四重奏団でも同じことを言えるのではないでしょうか。

反射する頭部（89ページ参照）をもつ自閉症児は前述と全く違います。このような子どもは外見が整っており完璧に見えますが、意識した動きの範囲が限られています。反射する頭部を手がかりにすることは出来ません。はじめは、練習をする間に黙らせておくことが難しいでしょう。私達はこの場合でも、中央の分野に注目します。子どもに揺れるような動きをさせて、歩きながら、スケートするように大きく左右に動くことをさせます。ボールを使ってリズミカルな遊びもします。大人に近い年齢の子どもであっても、幼児がすぐにいっしょに始めるような、いろいろな簡単な遊びをします。指に対する意識を育てるために、指人形を使うこともあります。話しかけるときに子どもの年齢に合った話し方をしながら、簡単な練習を面白く見せるようにしますが、すべてが流れるようなリズムの中で、歌ったりハミングしたりしながらします。弦をはじく体験をさせるために、優しくボーデンライアーも触らせます。ただし、本格的な演奏はまださせません。

多くの自閉症児にとって普通の幼稚園に入れることは、大きな恵みになります。他の子ども達は、このお人形のように動く美しい王子様やお姫様に大きな興味を示します。子ども達は、自閉症児を人形のように扱ってしまうこともありますが、大人には出来ない本当の遊びをさせることもあります。こうしてお互いのあいだに深い友達関係が出来ることもありますが、自閉症児が再び自分だけの誰にも入れない世界に入ってしまうという悲しい出来事に、友達が激しく涙することもあります。療育施設では、自閉症の子どもを動き出させるために、自閉症の対極となるダウン症の子どもが大切な役割を果たすことがよくあります。同年齢の子どもと付き合い始めるのが早ければ早いほど、自閉症の子どもの成長過程は早く始まり、後に個人セラピーをする必要性が減ることもあります。

それから、カナーが述べたような（92ページ参照）、自分の代謝の世界に引きこもっている人がいます。彼らとは、簡単なリズミカルな遊びをしながら、感情の力を目覚めさせるように努力します。多くの人が、やはり音楽的なものを持っていると判明しますが、このような人にとっては、どのような音楽も恵みです。匂いをかいだり、舐めたり触ったりすることで止まってしまう人もいますが、それでも音楽とつながる道が見つかることもあります。楽器の匂いをかいだり、触ったり舐めたりすることで、音を味わうように舌で体験します。このような人達の中にはリズム感の良い人もいます。打楽器を持たせると、どのようなリズムも叩いてくれますが、ロボットのように無関心にただ機械的に叩く人もいます。この場合、まさに「魂の道具」である音楽も無力です。

それでも、このような子どもも、グループのみんなと同じようなことをさせるのが正しいことでしょう。近くに誰もいないときに、ベッドの中で歌を歌ったり台詞を話したりすることが聞こえるかもしれません。しかし、人が見ているところでは決してしません。

自閉傾向のある精神疾患をもつ子どもと大人

子どもでも大人でも、自閉症のように行動するものの、実は自閉症ではない人がいます。あるときには他の人々といっしょに行動したがり、また実際にいっしょに行動します。しかしそうでないときには、全く自閉症のように自分の中に引き込もります。傷つきやすい性質だからです。彼らにとってこの世は苦し過ぎ、また、ある男の子が言ったように「つら過ぎる」のです。こう言うと、彼は再び身体を揺らし始め、この世から離れてしまいました。この引き込もりは、ヒステリーの子どもの場合と似ていますが、さらに極端です。彼らは真に自閉症ではないので、代謝系が周囲と一貫して共鳴しており、そのためまわりとつながりを保っています。このつながりは、発育の特定の節目で非常に激しい経過をみせます。彼らの場合も、発達年齢が実年齢と合っていませんが、節目の時期が発達に重要な役割を果たします。しかし、その様子は健常児・者とは大きく異なります。

三歳、七歳、九歳、十二歳、十四歳または二十一歳で、彼らは生命活動と精神活動において変化を感じますが、正常なやり方では、この変化に対応することが出来ないとも感じます。幸いに、彼らの多くはこの成長過程を立派に移行することが出来て、その後に外界とうまくつながることの出来る時期が続きます。しかし、この移行がうまくいかなければ、精神疾患発病の原因になることがあります。

つまり、交互に自閉症になったり精神疾患になったりして、その間に正常な時期があるような人です。常に自閉症のようにふるまっていた人が、パニック状態から精神疾患になることもあります。例えば、思春期に体験したショッキングな事件が原因となります。ほとんどの場合、これは一時的な現象です。音楽療法では、この変化に合わせて前述のグループと同じようなセラピーを行います。

一般的考察

これまで述べてきた病状には、共通点があります。それは、アストラル体が肉体や肉体の生命活動に正常に組み込まれていないということです。アストラル体は流れ出し、搾り出され、自立し過ぎており、そのために自我組織が全く、あるいは部分的にしか正常に機能出来ません。このような病状の場合は（音楽はアストラル体と自我の間で行われるので）、音楽が中心的役割を果たせます。そのようなわけで、これらの病状についてやや詳しく述べました。

他の芸術的セラピーも重要であることはいうまでもありません。特に精神疾患と自閉症の子どもは、音楽以外に、色とオイリュトミーのセラピーを受けることも大切です。同じようなことは、繰り返し急性精神病を発症する人や、精神疾患が常に潜在している人にも言えます。このような人達や、またそれ以外の多くの人におけるさまざまな芸術の治療的効果を、客観的に調査する必要があります。各芸術を独立した分野としてだけでなく、互いにどのように影響し合うのかという観点からの調査も必要です。このような調査は、人間の各要素と直接つながる芸術現象論となっていくでしょう。

精神疾患や自閉症の傾向のある子どもや大人にとってこそ、形、色、音、言葉、動きがひとつにまとまったセラピーが出来あがることが望ましいのです。こうすれば、各芸術の関係がより柔軟になり、治療過程に応じてそのときに最適な芸術に重きを置くことが可能になります。

そこに至る道のりはまだ長いですが、さまざまなところで始められたことを統合させようという努力は報われるでしょう。こうして生まれる治療にとっての新たな刺激は、文化にさらなる刷新をもたらす可能性をもつからです。

以下に述べる病状では、音楽は重要ではあるものの中心的役割は果たしません。

癲癇（てんかん）

ヒステリーの場合、ある臓器の透過性が強過ぎるのに対して、癲癇の場合、透過性が不足しています。アストラル体と自我組織が臓器の中で滞り、そのため短時間、あるいは長時間、無意識状態（失神や発作）が続きます。発作を起こさない癲癇体質というものもあります。そのような人は、全体の透過性が少なく、表現したり他人と接したりするのに努力が必要です。発作の代わりに突如、攻撃的行動を起こす場合もあります。

治療の場で私達が出会う人は、このように肉体的、精神的な過程の中に閉じ込められていて、それをうまく取り扱えない人です。これに対して、癲癇でありながら、それに伴う問題を乗り越えて精一杯生活している人もたくさんいます。

あまり浸透性のない体質の人には、音楽を演奏するのが効果的です。音楽は外界とつながるための助けとなります。ヒステリーの人と違い、体質から音楽的素質はありません。外界とスムーズにつながることが出来ないので、音楽と関わるために努力が必要です。身体組織が抵抗しているのに無理やりしようとすると、発作を起こすこともあります。コンサートや演劇で、あまりにも感動する場合にも発作を起こすおそれがあります。つまり、まわりにある美しいものに自分を開こうとする瞬間に発作が起こります。ですから、私達はこの点に注意しながら治療を進めなければなりません。癲癇は、病状や年齢、癲癇の種類など個人差が大きいので、音楽療法に関して一般的な指針はありません。ここで私は、治療施設で暮らしていた癲癇の男の子との経験について述べたいと思います。この子はよくクラスのみんなといっしょに受けた音楽の授業中に失神しました。失神はとても短く、すぐに意識を取り戻しましたが、失神する直前、彼を取り囲む空気は雷雨が発生するときのように、暗く重々しくなりました。失神するのか怒りが爆発するのかわかりませんでした。怒りが爆発すると大変でした。攻撃的になり意識的に自分のまわりを殴るのでした。癲癇の攻撃は、精神疾患による怒りの爆発よりずっと強烈で、多くは対象が決まっています。彼も治療を受けていた期間に、何度か大きな発作を起こしました。

常に潜在する爆発の危険性をコントロールするために、どのような音楽的手段が使えるでしょうか。それには雷雨が糸口になると思えました。雷雨は、非常に音楽的な現象です。ヴィヴァルディは雷雨を「四季」の「夏」で描いていますし、ベートーベンも第六交響曲（田園）で用いています。私達は自分なりの簡単な方法で試してみました。ライアー、フルート、シロフォン、打楽器で構成された小さいオーケストラがあり、この男の子も音楽的でしたので、メンバーのひとりでした。私はバイオリンを弾いていました。そして、私達は即興演奏を始めました。まず雷雨が起こりそうな恐ろしい雰囲気、つまり大気の振動、蒸し暑さを表現しました。遠くで雷が鳴り始め、雷雨が近づいてきます。雷のゴロゴロいう音はどんどん強くなり、そして、徐々に離れていきます。それからすべてを開放する雨、おしまいに美しい晴れ晴れとした感謝の歌。この即興演奏は一回で出来あがったのではなく、数週間かけて一生懸命練習した結果、誕生しました。そのおかげで本物の曲と言えるものが出来あがり、コンサートでも演奏しました。この曲が、彼の発作や怒りの爆発に音楽という服を着せて表現したものであるということは、むろん一言も述べませんでした。ただの雷雨でした。しかし、彼にとっての治療的効果は、はっきり見られたのです。練習した数週間、彼は音楽の授業の間に失神を起こすことも、ましてや怒りを爆発させたりすることはいちどもありませんでした。彼は音楽を楽しみ、一生懸命にシロフォンを弾き、そして毎回雨が降るところで開放感を感じました。芸術的な手段によって、魂の領域が、無意識のうちに身体組織を貫いたものから何かを受け取ることが出来ました。こうして癲痫や怒りの発作が治ったというわけではありませんが、それらとうまく付き合う方法をみつけたのです。その後何年間も、彼が大人になるまで、私は彼と共に音楽をし続けました。

内臓に由来する暗い衝動から、強迫的に絶えず同じ行為を繰り返す子どもや大人は、生命現象のリズムから外れているような状態にあります。強迫行為の中には、人生に対する恐怖から起こるものがあります。その行為は、古代の未開民族で行われていた儀式に似ています。儀式を行うことは、あらゆる場所に存在すると思われる暗い危険から自分を守るのに役立ちます。しかし、未開民族の場合、儀式が種族と宇宙との正常な関係を表現していたのに対して、恐怖から儀式を行う現代を生きている人の場合、儀式は生活範囲をせばめるのです。けれども、このような人に直接この問題についての意見を求めたり、繰り返し行う同じ動作を止めたりするようなことはしてはなりません。そのようなことをすれば、恐怖を強めるばかりで、この人は隠れたところでますます異様な行為をするようになるばかりだからです。場合によっては、その行為について冗談を言って、いっしょにその動作をすることも出来ます。本人が動作のおかしさを納得してくれると、かなりの助けとなります。音楽をとおして、私達はその人を流れるような動きに誘ってみます。音楽的な人であれば、動きの練習をしている間は「チック」を忘れます。しかし、だしぬけに、机をコツコツ叩く音が聞こえてきたりします。その癖を止められるまでの道のりはとても長く、その動作の中に安心感を求めているので、完全に止められるケースはめったにありません。どの程度回復するかは、音楽療法の成果だけによるのではなく、その人がきちんと保護され守られているか、つまりその人のおかれている生活状態にもよります。安心出来ると強迫行為は不要になります。しかし、どのような状況でも常に安全だと感じる人はいるでしょうか。多少の不安は常に残るでしょう。音楽療法の立場からすると、セラピー自体がある程度効果的であることを前提として、十分に時間をかけて治療が行わなければなりません。可能であれば、動きの練習を利用して、楽器の演奏を習うのが望ましいのです。これがうまくいけば、楽器を演奏する間「チック」も、治療中であることも忘れるからです。普通に音楽をすることを体験するのです。この段階まで進めば、演奏中にチックが止まります。このとき、音楽は儀式の代わりになり、必要な保護を与えてくれます。初期にあまり効果的ではなさそうに見える治療も、長期的に続けていかなければなりません。もちろん、他の動きのセラピーに移ることも出来ますが、強迫神経症の人をその強迫行為に委ねてはなりません。普通の生活を行う時間がなくなるほどに増長する危険があるからです。

強迫神経症のもうひとつの姿は、肉体のあらゆる動きを過剰に意識することです。人生の新しい時期に入るとき、例えば思春期の初めや終わりなどに起こることがあります。

十七歳の少年を治療したことがあります。この少年は、自分の手足に絶えず大声で話しかけずにはいられない状態にありました。しかし命令をしても、手足はますます命令に従わないようになっていきました。筋肉は綱のように張りつめ、何をしようとしても失敗に終わってしまいました。服を破りましたが、これは怒ったからではなく、筋肉が緊張していてボタンをとめたりはずしたりすることが出来なかったからです。寝るときに、両足を含め全身をベッドに横たえるのにとても時間がかかりました。やがて彼の一日が、起きる・服を着る・脱ぐ・食事で終わるようになり、それさえ出来なくなると、あらゆることを手伝ってもらわなければならないようになりました。

あまり大きな期待をせずに治療を始めました。私達が治療している間に、彼は絶対にしゃべってはいけないようにしました。夢見心地の雰囲気を作るために、カーテンを閉めておきました。子どもの頃に行っていた、簡単なリズミカルな練習をするという、決まったプログラムから始めました。これなら彼の強迫行為によって邪魔されることがありません。次に、同じ夢見ている雰囲気の中で、普通の動作、例えば椅子に坐る・立つことをしましたが、これを何度も繰り返し、メロディーをハミングしながら行いました。数週間が経ち、毎朝食後に、はじめは十五分以内で、後には二十分程度練習を続けました。他の行為に邪魔されずに立ったり坐ったり出来るようになってから、ドアの敷居をまたぐ練習をしました。同様にハミングしながら、夢の世界の中で、そしてリズム練習の後で行いました。ドアの敷居をまたぐ練習に続いて、角を曲がる練習、廊下に沿って歩く練習、ドアを開ける練習、最後に階段を上がったり降りたりする練習をしました。これには約半年かかり、最後の段階では正常な運動能力を取り戻していました。

似たような方法で、自傷行為のある八歳くらいの男の子も治療しました。彼はひどいあざが出来るほど自分を殴り、学校でも、ベッドでも紐でしばっておかなければなりませんでした。音楽療法で動きの練習を行うときは、紐を外すことが出来ました。彼の場合も、薄暗くした部屋の中でハミングしながら動くことで、夢見ているような状態になりました。しかし、帰るために上着を着たとたんにうまくいかなくなるのでした。上着を着る動作も、ハミングとリズミカルな動きを伴わせ、儀式的な動作にすることでうまくいきました。数か月後、彼を紐でつなぎ止めておく必要はなくなりました。

これら二つは、音楽療法が良い結果をもたらした例ですが、完治したわけではありません。このような子どもや大人は、注意しながら継続してみていく必要があります。環境や内面の変化によって、同じような症状、あるいは全く別の問題が生じる恐れがあります。その場合、改めてセラピーを行わなければなりませんが、今度は新たな状況にあわせたものです。強迫神経症的でありながら知的で音楽的でもある人を治療すると、別の症状が生じます。私達の意図を正確に把握し、楽々とこなします。このとき、強迫的なものは露ほども感じられません。しかし、帰ろうとして数歩進んでから突然止まり、後ろに下がり、完全に止まって一歩も動けなくなってしまいます。知的であるため、進めない理由もきちんと説明出来ます。家のことを考えて、食事は何だったのかを思い出したり、他のことを考えていたりします。しかし、彼の考える作業は足まで及んでいるのです。つまりこの硬直は、代謝力を掌握し過ぎ、この力を意識し過ぎる頭部の形成力に由来します。私達がある目的地に到達しようと思うとき、例えば道の向こう側にある家に行きたいとき、私達の欲求、私達の気持ちが先行して、私達の肉体を引っ張ってくれます。足はこの欲求で満たされ、意識しなくても足が動いてくれます。私達が筋肉のあらゆる動きを意識するならば、動けなくなってしまいます。逆に、いろいろな別のことを考えても、運動器官は影響を受けずに動くことが出来ます。

最初にあげた例の男の子と同様、この人も足に意識があり過ぎるのです。彼も動けなくなると、いつも足を見ていました。睡眠中の意識は足の代謝極に含まれ、これが作動すると、足は何に邪魔されることもなく頭や心の命令に従うことが出来ます。不思議なことに、三番目にあげた例の男の子も、特定の状況ではこのようなことが出来ました。私が彼に私の意志、例えば道の向こう側の家に急いで行って鞄を届ける、という意志を告げると、彼は向こうまで走って行き、頼めば、次に鞄をまたこちらへ持って帰ることも、同じようにたやすく引き受けてくれました。しかし、彼が自分の意志で、例えば作業所から家までの道を歩かなければならないときには、再びすべてが止まってしまいました。

そのとき、彼は私の意志ではなく、自分の妨げられた意志に満たされていました。この状態のときに彼を助けようとすると、大抵「自分でやりたい」と言いましたが、多くの場合、家に着くのは食事が終わるころでした。この男の子の場合、音楽療法に課せられた特別な課題は、音楽の中に停滞点をみつけることでした。そこから練習を始めることが出来ました。

音楽療法を行うことに慎重にならなければならない場合

強迫神経症の人達の場合、音楽療法は良い結果をもたらしましたが、次にはある時点から悪化していった人の話をしたいと思います。三十歳ぐらいの男性で、以前から軽いさまざまなチックがありましたが、チックは時間の経過と共に次第にひどくなっていきました。服をいじったり引っ張ったりしたので、どの服もきちんと身体にあわなくなりました。後には、顔をゆがめたり、下顎をカチカチいわせたりするようにもなりました。もっと落ち着いていた時期から、動きの練習やボール遊び、小型打楽器を使ったリズム練習といった音楽療法を受けていましたが、強迫行為が激しくなると、音楽的な動きがとてもグロテスクになりました。やることすべてを大袈裟にして、強制労働をさせられているかのようにあくせく動きました。止めさせられないこともありました。練習のときに彼がする動きは複雑になっていくばかりでしたので、音楽療法をやめることにしました。彼の中で働いている彼を落ち着かせない不思議な力が、音楽によってさらに助長されているかのようでした。

当時、落ち着かせるために、彼には何も要求しないと決めました。私は定期的に彼のためにハープやライアーを弾くことを続けましたし、これで落ち着くこともありました。こうして次第にひとつの方法が出来あがりました。取り乱して服をいじりながら彼が現れると、私はこの落ち着かない気分を音楽に「翻訳」しようとしたのです。ただし、とても柔らかな表現でしました。彼のアストラル体がエーテル体とあまりにも強力に関わり、いわばエーテル的な「かゆみ」を起こしているように私には感じられました。彼のいらいらした気持ちを、ほとんど聞こえないぐらい優しく心地良い音楽に私が言い換えると、落ち着くこと、つまり、彼のアストラル体がエーテル体の活動から離れることが増えてきました。ここまで成功すると、彼のために「本当」の音楽を演奏し、彼は音楽を楽しむことが出来るようになりました。次の段階は、ボーデンライアーを演奏させるはずでしたが、そこまでは進んでいません。彼は楽しく、多くの場合、同じリズムでボーデンライアーを弾くようになりましたが、私はほとんど影響を与えることが出来ません。とりあえず、ときに止められないぐらい強い、彼の音楽の流れに私が従うしかありません。彼の場合は結局、再び音楽的な道をみつけることが課題になりました。

次の例も若い男性ですが、彼は自閉的な、そして強迫的な行動をとりながら、ある独特な失語症も抱えていたので、話すことが出来ず、理解もとても限られていました。長い間、特に彼がまだ子どもだったころ、彼が話さない理由は、自分の中に引きこもっているからだ、つまり自閉症が原因だと思われていました。いろいろな人が、オイリュトミーや音楽を使って彼に話させようとしました。私も、彼が十一歳だったころにあらゆることを試してみました。しかし楽器が登場すると、大声で叫びだし顔が真っ赤になるぐらい興奮しました。彼はどんな感情も笑ったり叫んだりすることで表現したので、これ自体は特別なことではありませんでしたが、例えば事故やお葬式の際にこのような感情が現れると、世話をする人にとっては大変でした。このような興奮状態になると、いつも「ママ」と叫びました。そういうとき、彼に「パパ」や「おばあちゃん」のような「ママ」以外の言葉も言わせようとしたこともあります。彼は「ママ」以外の言葉も言ってはくれましたが、小さい打楽器を手にしたときと同じように興奮してしまったので、もちろん、この方法は止めにしました。他の分野では、強迫的ながらもとても積極的でした。絵が上手でしたし手作業は何でも得意でした。そして彼が大人になってから、初めて精神科医によって、彼には言語中枢に障がいがあると診断されたのです。その障がいのせいで、なによりも話をしたいのに、まさにそのことが出来ないのでした。

その後、私は音楽の授業中にみせる彼の態度を理解しようとしました。楽器を子音と考えてみましょう。子音は本来の音、つまり母音を包み込んでいます。この男性は、叫ぶことは得意でした。つまり、響きそのものはあるのですが、包み込むもの、音を形成する力に欠けていました。この苦しみを、彼の独特な快感さえ混じった方法で、笑いや叫びで表現してきました。誰かが彼に話や音楽をさせようとする度に、度を超して興奮しました。これこそ彼が一生抱えていた問題でしたし、そのことを本人もある程度まで意識していました。私達のとったあらゆる試みは、彼にとって足が一本しかない人に走り方を教えようとするのと同じだったのです。その後、彼は歌の時間に参加し、音程もハミング出来るようになり、言葉にリズムをつけるとみんなといっしょに出来るようになりました。こうして彼はクラスの一員となり、自らの障がいと対決しなくてよくなったのです。

痙直型脳性麻痺

痙性のある子どもや大人が、ボバース法（脳性麻痺のための運動療法の一種）のような運動療法や歩行訓練をする際に、音楽は助けとなります。強迫症の場合、生命や魂の過程に問題があるのに対して、痙性のある人の場合は、つまり、脳の損傷によって体のある部分が認識されない、完全に器質的な障がいです。痙直型脳性麻痺児の多くは、眠っている間には緊張が取れていますが、目が覚めて、損傷部分が機能しなければならなくなると、再び硬直します。前にも述べたように、音楽は人間を夢見ている状態に誘導します。そのため、脳性麻痺の人が、夢見心地で音楽を伴って動きの訓練をすると、硬直が少し穏和されて動きの可能性が広がることがあります。本格的に改善するためには、この夢見心地での動きを何度も練習をして、最終的に動きが習慣化されなければなりません。プールや理学療法も使えば、音楽は良い補助手段になり得ます。六歳の痙性のある女の子を治療したことがありますが、この女の子が歩く勇気をもつのは、歌が歌われているときだけでした。彼女は前向きに歩き、私は彼女の方を向いて後ろ向きに後ずさりました。初めは、私が彼女の指先を持っていましたが、やがてその必要がなくなり、最終的にはひとりで歩けるようになりました。しかし、私が歌を止めると、うまく歩いていた足が止まりました。彼女はこわばって立ち止まってしまい、歌が再び始まるまで一歩も進めませんでした。

運動障がい

脳損傷、あるいは中枢神経系の障がいが原因と考えられる運動障がいをもつ人は、自分と空間の方向性とのつながりが全くないか、あるいはそれがあまりありません。脳性麻痺と違って、ある程度うまく動けるものの、時々動きが鈍くなったり、止まったり、動きが調和していなかったりします。そのため訓練でどのような動きが要求されているのかよくわかっているのに、実際にそれを行うのは難しかったりするのです。

歌うことすら難しいことがよくあり、楽器を使うときのどんな動きも、まず失敗に終わりがちなので、どのような音楽的表現も不可能であるかのように思えます。それでも、私達は、まず空間における方向性の動きから始め、大きな動きで、深い気持ちから動くことをはじめます。例えばみんなで輪になって、人間生来の気質の練習をします。前進して輪の中へ入って、後進で輪の外へ出るという動きを繰り返します。最初は非常に悲しいと感じ、悲しそうに動きます。次は怒り、地団駄を踏みます。それでも効果がないとわかると、冷静になります。最後には、明るい希望が見え、また楽しくなります。セラピストは適切な音楽を用意しなければなりませんが、自分もいっしょに動かなければならないので、ほとんどの場合歌が使われます。

運動障がいをもつ人達は、大きな感情たっぷりの動きを好みます。そして四種類（喜怒哀楽）の中で、どの感情が好きなのかをはっきりと示してくれます。このような練習は、何回か繰り返して行い、感情を徹底的に実感出来るようにします。

もちろん、方向性の練習にはもっとたくさんの方法があります。運動障がいのセラピストには、多くの創造性が要求されます。こうしていくつかの動きが可能になったら、さらに空間での動きの練習を進めます。やがて彼らにとってそれがどんなに難しいかがわかってきます。模倣が全く、あるいは少ししか出来ない人もいれば、基本的に模倣は出来ても動きが非常に限定されている人もいます。

例えば、ある少女は素晴らしい腕の動きを見せてくれますが、足はなかなかコントロール出来ません。直接の身体的原因はありませんが、下半身では自分の意志が邪魔されているかのようです。ある若い男性は、頻繁に前と後ろを間違ってしまいます。頭が悪いわけではなく、空間の中での自分を認識する能力に欠けているのです。彼は遊びの要素も多く含んだ無数の練習を重ねて、ようやくグループの中ではうまく出来るようになりましたが、まだひとりでは出来ません。左と右を正しく把握することは、運動障がいをもつ人全員にとって、さらに難しいことです。私達は、左右の練習で、長調と短調で、とても大きい動きを用います。右手に刀を持って世界に向かって突進します「あ、痛い、怪我した」。私達は左側から後退します。

次に出来るだけリズミカルに右手から左手にボールを渡します。自分や他人の失敗に笑い、楽しく過ごし、練習時間が終わる頃にはうまく出来るようになったかのように思えます。しかし一週間後には、再び同じレベルからスタートしなければなりません。けれども、彼らには生きる勇気と喜びが十分にあるので、練習を続けることが出来ます。

とてもうまくいったときには、小型の打楽器でいっしょにリズムを打ってみます。お互いの心臓の鼓動をみつけ、多くの場合、心拍と呼吸の割合が大体四対一であることに気がついて、おもしろがります。中には、鼓動が非常に早い、あるいは逆に非常に遅い人もいます。ある慢性高血圧の若い男性の鼓動はとても遅いものでした。彼の鼓動と呼吸の組み合わせが難しいものであることは、音楽をするときに彼が拍子やリズムの感覚を持っていないことに現れました。従って彼は、この種の音楽の練習が嫌いです。それに対して空間の練習では何の困難もありません。このようなグループでは、時間をかけて練習しなければなりません。そして彼らがようやく空間の方向性と心拍のリズム（あらゆるリズムと拍子を実感する基礎）をある程度マスターしたら、大きな進歩と言えます。こうなれば、仕事や生活がよりうまくいくようになるのです。

知的障がい

次に、知的障がいについて触れたいと思いますが、ここでいう知的障がいとは、ルドルフ・シュタイナーが「治療教育講座」で述べている意味であって、一般的に何らかの障がいを持っている人の集合概念としてではありません。ルドルフ・シュタイナーは知的障がい者を、肉体が固まり過ぎている人と説明しています。そのため、健常者に比べて魂の諸力や自我組織が肉体とエーテル体を透過しにくく、生命活動にやや遅れが見られ、動きも全体的に活発ではありません。このような人達は指示に従うことも困難です。やる気はあるし、こちらが忍耐して待てば頼まれたことをしてくれます。しかし、頼んだことを私達が忘れかけた頃にしてくれたりすることもあります。

知的障がい者の多くの場合、動きや性格は調和が取れています。反応がゆっくりであることを、周囲が考慮するならば、いろいろなことをしてくれます。他方で、もともと存在している「岩のような」体質（ルドルフ・シュタイナーは「岩性体質」という表現を使っています）が進まないように、彼らが常に動いている状態にあるように配慮しなければなりません。

つまり、活動性を保たなければならないわけですが、これも、音楽療法を適用するチャンスと考えることが出来ます。内容を単純にさえすれば、いろいろなことが出来ます。まず、リズムの練習から始めて、下方の拍子へ、そして上方の響き、そして音程へと広げていきます。調和が取れているので、ほぼ全員が出来るようになります。きちんとした拍子にはならないでしょうが、準備段階の練習から始めて、単純なフォークダンスへと進むことが出来るでしょう。そして、打楽器などの楽器も喜んで演奏するでしょう。ライアーも弾けるようになるかもしれませんが、それに比べて、リコーダーは少し難しいかもしれません。ライアーは、とても単純な方法で、例えばペンタトニックやある特定の音階に調律された弦でしか弾けないかもしれません。それでも、両手で弾けるようになり、簡単な歌も弾けるようになります。そのとき、歌をまだ弾けない仲間が伴奏をしてくれるようにします。

思春期を終えたら子どもの歌を弾かせることはしません。ペンタトニックの古い民謡や調弦されているライアーで弾ける音楽を探します。知的障がい者は、自分達のために作曲された自分達の音楽を求めていると言っても過言ではありません。そして彼ら自身も曲作りを手伝ってくれます。新しい歌に気に入らない部分があると、彼らがすぐさま変えてしまいます。このようなグループは、既存の歌も変更する「傾向」があります。昔の民謡に見られた傾向を実践するのです。昔の民謡も、メロディーは決まったものではなく、多少変化することで生き生きと保たれていました。

彼らといっしょに歌も歌いますが、多くは前述と同じ方法で行われます。ここでも、古い民謡の場合と同じ傾向が見られます。現代の演奏で用いられる絶対的な音程（a'＝四四〇ヘルツ／Hz）は重要ではなくなり、それぞれの音にも幅が広がります。現代の音楽では、このような「幅」が見られるのは、弦楽器や歌手の演奏するポルタメントやグリッサンドの場合だけです。全体的に見れば、知的障がい者のグループは、いろいろな方法を幅広く使えるグループです。

まれに「知的な」知的障がい者と関わることもあります。ある子の病状報告書には、歴史や政治に高い関心を示すが愚鈍であるとありました。一見かなり珍しい組み合わせです。しかしながらこの報告は、私達の観察とも一致しました。彼は字が読めるし、各種の新聞を買っては政治の成行きをいろいろと心配し、人々の身の上のことについてもよく知っていました。これは彼の一面でした。他方、彼はあらゆる手作業で不器用さを見せました。過去に彼が受けたテストでは、この面が非常に目立ってしまったので愚鈍と判断されたのです。結局、模倣能力に全く欠けていることがわかりました。指示に従う意欲はあったのですが、先のグループで述べた不透過な性質（岩の性質）が彼の問題でした。彼を助けるために、何年にもわたってリズム感のある動きを練習しました。まずひとりで打楽器で拍子とリズムが演奏出来るようになり、後にはオーケストラの正式メンバーとなりました。この進歩のお陰で単純な仕事も出来るようになったのです。

形態異常

体に形態異常のある人がいます。例えば上半身と下半身、あるいは身体の左半分と右半分のバランスが取れていない人です。形態異常は生命活動にまで影響を及ぼすことがあります。形態異常にはさまざまな種類がありますから、自らの魂の領域から、身体の形態異常に調和が取れるように働きかけることが出来る人もいるでしょう。しかし、治療において出会う人は、このようなことが出来ない、あるいは出来ても範囲が非常に限定されている人です。形態異常が原因となり完全な統合が不可能で、そのためアストラル体の一部が肉体の外に残されてしまう場合もあります。それゆえ、自我組織の統合する力を十分に発揮することが出来ません。肉体とエーテル体の活動に含まれないアストラル体の部分によって、魂の生活とその表現に、ある不調和が生じます。前述のグループでは、アストラル体が流れ出す、あるいは搾り出されましたが、それとは全く違う経過をたどります。これから述べる人達の場合は、この過程がもっと無意識のうちに起こります。

ヒステリーや精神疾患の人が「我を忘れている」（それゆえ混乱しているかもしれない）ときに、自分の周囲、そしてときには超感覚的にとらえた周囲を、かなり意識的に把握するのに対して、アストラル体が不完全に統合されている人は、いつも同じ表現のしかたをします。声はコントロール出来ていないし、動きも唐突です。通常、この世の中を心地よく感じており、自分が他人と違うことで悩むことはありません。体質上それほど音楽的ではありませんが、みんなといっしょなら音楽をすることは好みます。

アストラル体を整えて、運動器官をよりコントロール出来るようになるためには、動きの練習が大切です。打楽器を好んで演奏しますが、気をつけなければならないことは、大きな音を好むことです。そのため、彼らとダイナミックな動きの練習をし、時々大声を出して「爆発」することが許されるような場面も取り入れます。ただし、静まること、静寂と大声の間にあるさまざまな音量を使いわけることを学ばなければなりません。メロディーを演奏する楽器を使えるようになる人は、ほとんどいません。けれども、運動療法やその他の芸術的な内容を含むセラピーによって、発作を少しずつコントロール出来るようになります。

ダウン症

ダウン症児・者の場合、病状として語ることは難しいです。病気というより、私達とは存在のしかたが違うからです。現代文化の中で失われてしまったものを、彼らはたくさん持っています。あまり個人主義的なところがなく、現代人の原型のようなものです。彼らの価値観を認めて、芸術的なことの出来る社会の中で暮らせれば、最大の欲求は満たされることになります。この人達にはリズムを教える必要がありません。動くとき、音楽をするときにみせる彼らの喜びは、心あたたまるもので、他の人に多くのインスピレーションを与えます。拍子を正確には演奏出来るようにならず、音程の感覚もない人が多いものの、拍子や音程に関しては試してみる価値が常にあり、意外な発見をすることもあります。なかには楽器の演奏が出来るようになる人もいます。私達が一番気をつけなければいけないのは、年を取ったときに動きを保つことです。あまり動かなくなると、若いのに年寄りのようになってしまうので、音楽やオイリュトミー、フォークダンスなどが効果的です。宇宙とのつながりは強いのに（だから音楽的なのですが）肉体はやや硬く、子どものときには最初の発達段階に時間がかかりますが、早く年を取る傾向にあります。乳児・幼児期、そして早過ぎる老化が長く続きます。セラピーでこの傾向に対抗するには、彼らがリズミカルな動きを好むことに働きかけることです。生涯に渡って動きの楽しさを保つことで、老化を遅らせることが出来ます。このようなことをしていれば、年を取ってからも、怒りやすかったり頑固になったりすることを防ぐことが出来ます。

重度発達障がい児

ここまで、あらゆる形態異常や病気によって発達に障がいをもつ子どもや大人について述べてきました。いずれの場合でも、発達は見られ、生命・精神活動の大部分は健常者と同様です。しかし、各機能や活動が何ひとつ正常に行われない状態で生まれてくる子どももいます。身体を起こす、坐る、立つ、歩く、話すことだけではなく、食べる、飲む、寝ることすら当然のこととしては出来ません。このような子ども達は乳児期から抜け出せずに、死の力が身体を壊す方向に働いています。昔は、このような子ども達の多くは、生きて生まれることはなく、あるいは生後間もなく亡くなりました。現代医学のおかげで生きられるようになりましたが、限定された人生を有益にすることが、現在、私達治療教育者やセラピストの課題となっています。他の人々と同様に、彼らにも自我組織がありますが、この世で生きるには肉体が弱過ぎます。その弱い身体で、苦労して彼らがようやく受容し、知覚出来るあらゆることが、現世の存在の先にある未来のために大切です。彼らより障がいが軽い子どもに比べて、治療出来る可能性はあまり示してくれません。治療者は手探りで多くのことを直観的に把握することしか出来ないでしょう。以前に使った一つのモデルをここでも使ってみましょう。この子ども達は、乳児と寿命の尽きた老人の世界を同時に生きています。従って、乳児性も老人性も抑制する方法を考えなければなりません。こうすることで、現在の地上での存在を生きるためのささやかな余裕が生じるのです。

自分では寝ている以外に何も出来なくとも、常に寝た状態にしておいてはいけません。身体を支える道具を使って坐らせます。こうすれば違う視点からまわりを見ることが出来て、このことで発達し始めることもあります。子ども達を抱いたり揺らしたりして接触すると、私達に笑いかけてきます。ハミングし、歌を歌うことで、治療の中心テーマ、つまり音楽に至ることが出来ます。

私は米国でこのような子ども達七人のグループと特別な経験をしました。グループのひとりはこの家の息子で、他の六人は実子ではありませんでしたが、そこで育てられている子ども達でした。美しい田舎の家で、とても愛情に満ちて育てられていました。何とか動くための刺激を呼び起こそうと入浴させ、寝ている間の身体の硬直を防ぐために、ウォーターベッドを使用していました。子ども達に畑仕事を見せることもしていました。そして、私は子ども達のために、コロイハープを演奏しに行ったのです。とてもおごそかにお互いを紹介され､最初の接触が出来ました。次にハープを弾きました。低い音も、とても高い音も鳴らしました。それに合わせて、私は簡単なお話をしました。子ども達は話されている言葉はわからなかったのですが、特にハープをとおして奏でられる情景から私が受けている強い印象は、間違いなく伝わりました。子ども達がこのような音を聞くのは初めてでした。みんな、それぞれの方法で反応し始めました。身体を揺らす子、ハミングする子、小鳥のようにさえずる子もいました。動きであろうと、音であろうと、全員が反応を示しましたが、その反応がとても優しく、私達に見える世界とは全く違う世界の反応でした。音楽がこのように直接魂に触れることが出来るということを、こんなにもはっきりと経験したことはありませんでした。まるで私がハープの弦だけではなく、子ども達の魂の弦も弾いたかのようでした。この子ども達の魂は、壊れやすい肉体に包まれていましたので、水晶のように清らかな状態のままでした。もちろん、これは治療ではありませんでしたが、一時的ながらインスピレーションを与えられた出来事でした。ここを出発点にして、治療の道を築くことが出来ます。そして、この小さなグループでも治療が計画されていました。小型や大型のコロイ楽器を使って、この子ども達の感受性に訴える響きを探して、出来れば音楽によって、自分から身体を動かすようにすることでした。彼らの生命現象の中で、身体を強くしてくれる何かがほんの少しでも起こるかもしれない、とかすかな期待を持っていました。

このような方法で、生と死の間に少しでも距離を作り、子ども達のための「現在」を作り出すようにと試みることが出来ます。このような子ども達が大きくなり大人になっても、創造的に絶えず新しい可能性を探すことが大切です。そうしないと、決して人間の発達目標となるべきではない植物のようになってしまうからです。たとえ身体的な障がいのために「魂の接触」しか出来なくとも、彼らだけではなく治療者にとっても、彼らと関わることはとても大切なことです。魂と霊の世界に比べて、物質がいかに相対的で時代と深く結びついているかを、私達に教えてくれるからです。

モラルを認識出来ない人々

前述のグループと全く対照的なのは、私達の文化で一般的に通用するルールに対する感覚に欠けている人達です。彼らを「非道徳的」とは言えません。なぜなら「非道徳的」とは、ルールを知りながら違反することをいうからです。彼らは初めからそのルールを認識していないのです。たいていは、とても器用な男の子です。私はこのような性質をもつ女の子や女性と接した経験はあまりありません。この性質に属する人々は、抽象的思考が困難な場合があります。機敏で、有能で、まわりの人から好感を持たれています。誰でも彼らを良い人だと思っています。それだけに、良い関係にあると思っていた人が、突然、財布や時計を持って消えてしまったことに気がつくと、ショックは大きいのです。彼らは、かなり説得力のあるさまざまな嘘を言います。例えば、ある若い男性が、女の子と出会って彼女を自動車で家まで送ってあげると言いました。外に出てみると自動車ではなく自転車でした。でも、彼女は彼を親切だと思っているので自転車の後ろに乗ることにしました。そして二人で溝に落ちてしまいました。それでも二人の親交はしばらく続き、彼女はつぎつぎとプレゼントをもらいましたけれども、プレゼントがあまりにも奇妙な取り合わせだったので、彼女はだんだん不審に思うようになりました。そして最後に、すべてのプレゼントが施設の同居者から盗んだものだとわかったのです。

中でも目立っている子がいました。私達の施設に来たとき、彼は十六歳でした。よく動き、機敏で、とても男らしい少年でした。施設の同居者の目に、彼が魅力的にうつることは数多くありました。ブーメラン投げ、焚き火起こし、エアガンを打ち、木を切り倒し、さらに馬の扱いがうまいだけではなく、絵を描き、歌い、ピアノやリコーダーの演奏、フォークダンスも上手で、すべてとても熱心でした。当然のことながら彼のまわりに人が集まり、彼はグループのリーダーになりました。空き巣を、見張りを付けて完璧に実行し、喧嘩も強かったのです。あるとき、彼はエアガンで鳥を瀕死状態にしてしまいましたが、すぐさま愛情を込めてその鳥を看病しました。すべて、とてもロマンチックで、ワクワクすることばかりでした。

ある日、彼をそれまでのグループのリーダーから外すために、精神疾患や自閉症の男の子のグループに移すことになりました。ここで彼は素晴らしい治療教育者になりました。みんなが彼の言うことに従いました。どの子をどのように扱えばいいか、直感的にわかっていました。精神疾患の子を落ち着かせ、強迫症の人には、ルドルフ・シュタイナーが「治療教育講座」の第五講義で述べているのと同じようにささやきました。暇なときには絵を描き音楽をしました。音楽をとおして、私は彼と良い関わりが持てるようになりました。音楽の話も好んでしました。しかし、音楽をしているときにも、私のお金がどの引き出しに保管してあるのかが、彼には第六感でわかっていました。

それでも彼はよく手伝ってくれる優しい子でした。他の男の子達を寝かしつけるときにも手伝ってくれました。グループの担当者がとても疲れていたある夜「もう寝ていいよ、ボクが全部やってあげるから」と彼が言い、そして三十分後、電気が消され静かになりました。しかし次の日の朝、彼は盗んだスクーターでどこかへ消えた上、もう一人の男の子も連れて行ってしまいました。やはり治療教育者という仕事は面白くなかったようです。

もう一人の男の子は間もなく帰ってきましたが、彼はしばらく姿を消したままでした。彼はその後、警察官と喧嘩をして少年刑務所に入れられました。そこでもいろいろな冒険が続いた後、未成年犯罪者の施設に送られました。そこでは副施設長といっしょにリコーダーを演奏したりしたようですが、何回か脱走もしました。そしてクリスマスの晩、突然、全く何もなかったかのように、私達の施設に戻って来たのです。その夜、お母さんもいっしょに二人ですっかり夢中になって歌を歌いました。

このような人達の輝く面は、魅力的であると同時に反感を感じさせます。彼らの生命の流れは正常ではありますが、アストラル体がどこか違う方向に曲げられてしまったかのようです。宇宙に対して閉じているわけではありませんが、アストラル界の美しさ、色彩の豊かさ、響きを、この世で求めています。彼らは物質界を、自らの輝くアストラル体をとおして激情に駆られながら見ています。そのため物事が実際より活発に見え、自分の願望や憧れに左右されてしまいます。憧れは強すぎてコントロール不能になり、アストラル界の法則によって物質の世界の中で満たされます。私達が沈んでゆく夕日の色を見て、それが私達の中に入ってくるままにするのと同じ当然さで、彼らは、自らのアストラル体の働きによって輝いているように見える物を取ってしまうのです。

彼らは特別な才能を持っているため、他人の魂に入り込むことも出来るので、その人の特徴を真似することが出来て、その人の魂の言葉を話すことが出来るようになります。これが、彼らがいろいろな技能をすぐに習得出来る理由でもあります。ただ他人の本質を理解するほど物事には深く入り込むことが出来ないので、すべてが表面的な状態にとどまります。彼らのアストラル体の輝く物への欲望が邪魔をしています。私達が持っているいかなる技能も、彼らはすぐに身につけます。これ自体は決して悪いことではありませんが、他人の持ち物の場合も同じように扱ってしまいます。そして、すべてのことに何か遊びのような要素が含まれています。彼らは決してお金持ちになれません。得た物はすべて他人にあげてしまったり失ったりするからです。

ヒステリー患者の場合、流れ出すアストラル体によって他人の本質に入り込むために、傷つき、感情が高揚します。精神疾患者の場合は、超感覚的世界との接触によって我を忘れ、臓器の原始的な力が溢れだします。同様に、モラルを認識出来ない人は、自らの欲求で彩られた空間の中に生きており、そこからまわりの世界を見ています。

これらの精神活動はすべて、脳損傷であれ、代謝系に影響を与える異常なエーテル活動であれ、肉体に現れます。この状況が変えられない場合、芸術を用いた治療の役割は、人々をより大きな自由に導くことです。ただし、この世の実情に対応した方法でなければなりません。

このことから、このような人達の場合、芸術を用いたさまざまな活動が可能だとわかります。特別な素質を持っており、色や響きに対してオープンです。私は、このような人達とリコーダーを演奏したことが何度もあります。彼らは、他の楽器を演奏するには忍耐が足りませんでしたが、リコーダーは吹くことが出来ました。響きがきれいですし、彼らは本当に音楽的な人達です。これはセラピーだったのでしょうか。イエスでありノーでもあります。リコーダー演奏によって彼らの素質が変化したわけではありませんが、彼らのアストラル的な夢の世界が響きになり、地上での体験となりました。つまりどのような芸術の場合でも、地上の要素はより高次な本質の要素によって作りかえられます。

このような人達にとって、芸術に関わるさまざまなことをたくさん行うことが有益となります。そうすれば、自我組織の助けを得て自らのアストラル体を他人が受け入れられる方法で表現することを学べるからです。

治療後の成人のサポート

発達に障がいを持ちながら病気を克服し、問題行動が解決されて通常の生活や仕事が出来るようになっても、芸術活動を続けることは非常に大切です。二十一歳を過ぎても、人生において困難にぶつかる時期がいくつも訪れ、それらを乗り越えなければなりません。そのとき各種の芸術が役に立ちます。もはや治療ほどではありませんが、福祉、精神衛生といった意味での芸術活動が大切です。絵画、演劇、音楽、オイリュトミーなど、どのような芸術活動にするのかは環境や本人の希望によります。しかし単なる趣味としてではなく、本格的な芸術活動でなければなりません。多くの場合、大変苦労してやっと流れるようになった生命の流れの動きを止めないようにするのが目的です。そうしないと、仕事のもつ偏りのために（当然ながら、仕事はその人の健常な面のみに働きかける）、三十五歳を過ぎると、働けない、あるいは労働意欲のない老人になってしまう危険性が大いにあります。しかし同様のことは、全面的にではないにしても人類全体にも言えることで、この点で文化の革新が必要とされています。多くの人々にとって、仕事や余暇が物質的で偏りがあるために、早期に老化することはなくても流れる生命力が硬直し損なわれてしまいます。ここにこそ、発育に障がいをもつ人達が、逆に私達を助ける可能性が見えています。彼らをとおして彼らのための手段が求められみつけられますが、この手段は新しい生き方の萌芽であるかもしれず、これは将来の人類のための萌芽であるかもしれないのです。

第四節　治療者と治療の手段

音楽による癒しと慰め―生来の才能を活かした職業

母親が子どもに歌を歌いながら寝かせるのは、自然に備わっている行動です。この母親が教師で、クラスの子ども達を静かにさせるために、この歌うという能力を使うとすれば、これは教師という職業に欠かせない技術となります。そして、彼女はその能力を広げて、たくさんの子ども達からなるグループを、音楽の流れに入り込ませるようにします。治療教育者や福祉関係のセラピストも同じ技術を身につけており、そのような場合でも、この技能は職業に欠かせないものです。教師と同様、担当グループのもつ限定された条件を考慮しながら、音楽活動がどのような方法で可能なのか、音楽を治療の道具としてどのように用いることが出来るかを、絶えず模索しなければなりません。

音楽の調和的な癒しの効果を幅広く利用しようという治療教育者は、さまざまな流れをひとつの流れにする職業を選んだのです。治療教育者と福祉セラピストとしての知識や技能が必要なだけではなく、歌やいろいろな楽器の演奏も出来なければなりません。さらに、即興や作曲によって、いろいろな音の領域で表現出来るような音楽的能力も持たなければなりません。

しかし最も重要なのは、両分野を完全に統合出来ること、そして、どこに治療の可能性があるのかを把握出来ることです。脳性麻痺児は音楽によって歩く勇気が増すかもしれませんが、ポリオで麻痺した足に対しては私達は無力です。私達に出来るのは、その人に楽器を持たせて、普通なら足で表現する意志の衝動を楽器で表現させる程度のことです。

さらに、私達がある目的を持って治療を行っているのか、それとも合奏や合唱をする中で、調和を取りながら音楽の法則に語らせたいのかを、はっきりと区別しなければなりません。ある目的のためのセラピーを終えて、いわゆる「維持治療」を受ける人達と共に音楽をするときには、両分野が互いに混じり合うことがあります。まわりの人には、その違いはわかりにくいです。リラックスして、同じ歩調で部屋を通り過ぎるのに大変な苦労をしなければならない人や、左右の違いがまだわからない人に、どんな楽器を演奏したいかと尋ねることはしません。そして、目的を持ったセラピーにとって、まわりの人達の態度は非常に大切です。治療者としては、少しでも治療の効果に対応してくれる態度を望みます。治療結果に対して無関心であったり、もしくは抵抗したりすることは、か細いエーテルの糸をあまりに早く切断してしまう可能性があります。抵抗してしまう理由のひとつは、治療が必ずしも患者を落ち着かせて扱いやすくするわけではないことです。精神の自由を新たに獲得して、一時的に、いやむしろ以前よりも付き合いにくくなることもあります。しかし最終的には、新しい可能性が習慣となり、自然とさらなる成長が起きるかもしれません。落ち着かない時期には、通常よりも温かく包み込むことが出来るようにしておき、まわりの人も、始まった発展を信頼し、またその信頼度をあげていかなければなりません。そこで治療者は新たな問題に直面するようになります。治療の過程で、ケアする人達とどう関わればいいのでしょうか。これは複雑な問題で、はっきりとした答えはありません。しかし、次に述べる経験から、最初から難しいと思い込まなくてもいいこともわかります。前述の強迫神経症で緊張した若い男性は、緊張を伴わない動きが全く出来なくなって、すべての動作に援助を必要とする状態でしたが（104ページ以下参照）、彼を治療したときに、その家の家事をした女性が私達の練習のすべてを（歌いながらドアの敷居をまたぎ、ドアを開け閉めすることなど）とても好意的に見ていたことが、大きな心の支えとなりました。小さな改善がみられるごとに、ますます温かく、関心を持って見てくれました。こうして積極的に治療の過程に貢献してくれたのです。

セラピールーム

私達が治療を行う部屋の様子も大切です。小さ過ぎても大き過ぎてもいけません。けばけばしい色や絵がなく、例えば音楽をしている人の像や絵がひとつあれば十分です。部屋のあちこちに置かれている楽器や壁にかけてある楽器は、インスピレーションを与えてくれるものですが、動きの練習をするスペースも十分に残されていなければなりません。床と天井の材質は、人工物ではなく木材が最適で、壁やカーテンの色は、やわらかいパステルカラーが望ましく、静かな環境を作るために、閉めたときにやわらかな光が差し込むようなカーテンにします。

楽器等

楽器を演奏するまでの準備段階に左記の物を使います。

・銅棒
・銅製ボール（羽つき、羽なし）
・布や軟らかい天然ゴム製のボール
・場合によって、大小のフープ

打楽器は、共振するものとしないものとに分けられます。

共振しないもの

・木棒
・長方形の木製ブロックドラム
・丸い木製ブロックドラム（四度と五度の音程）
・大小トライアングル

共振するもの

・つり下げ型のドラやシンバル
・コロイの小型ドラムや小型ティンパニー
・小さい子ども用には小型のペンタトニックの木琴、大きい子ども用には大きいシロフォン（太さの違う木製の鍵盤や、アルミ製、真鍮製の鍵盤を乗せることが出来ます）
・真鍮製の棒を取り付けて、手に持って使う共鳴器

弦楽器

・小さい子ども用のペンタトニックのキンダーハープ
・共振するベース弦があるボーデンライアー
・小型のソプラノライアー
・一般のソプラノライアーと大型ソプラノライアー
・ソロライアー
・アルトライアー
・大きいハープ

最後の三つの楽器は、通常セラピストが演奏するため、または受容治療のためのみに使います。

コロイのリコーダー
・決まった音程のでる笛三種類
（小さい子どもでも吹くことが出来て、四度と五度の音程のみがでます）
・ペンタトニックのリコーダー
（前述の三種類の笛で出せるすべての音程が吹けます）
・C管リコーダー
・A管リコーダー
・F管リコーダー
・D管リコーダー

これらの楽器はすべて、例えば小さいグループやオーケストラでいっしょに演奏すると、良い響きになります。弦楽器も加えたい場合には、コロイのバイオリンとチェロを使うことも出来ます。場合によっては、ヴァイドラー式のクロッタを使っても良いでしょうし、英国のハンドベルを加えることも出来ます。

もちろん、この他にも治療に適している楽器がありますが、前述のものには共通性と統一性というメリットがあります。

まとめ

本章では、いろいろな障がいや病状を、治療や調和を促進する音楽療法の可能性と合わせて紹介しました。これらはすべて、現代の文化的状況及び過去の文化を考慮した上での考察です。さらに健常な場合とそうでない場合の双方において、各年齢段階における本質的要素の枠組みを前提としました。

音楽は、自我組織の法則と関連してアストラル体の中で起こる芸術なので（69ページ以下参照）、ルドルフ・シュタイナーの「治療教育講義[*12]」の第2講義に述べられていることが、ここにも当てはまります。

「人間本性のどの部分がどんな現れ方をしていても、その部分に有効な働きを及ぼすことが出来るのは、人間本性のそれよりも一段高次の部分なのだということです。人間本性のどの部分も、そのような高次の部分をとおしてのみ有効な発達をとげることが出来るのです。肉体を発達させるためには、エーテル体の活動が必要であり、エーテル体を発達させるためには、アストラル体の活動が必要であり、アストラル体を発達させるためには、自我の活動が有効な作用を及ぼすのです。そして自我のためには霊我の活動だけが有効な作用を及ぼすことが出来ます」

音楽によって動き出した治療者のアストラル体は、患者の生命現象に影響を与えます。治療者は、音の種類を選ぶことによって方向性を与えることが出来ます。同時に、その他の構成要素も動かされます。

さて、ルドルフ・シュタイナーは著書「神智学[*13]」において、すでに本書でも説明したように、人間が四つの構成要素のみから出来ているのではなく、自我が下位の構成要素に作用することによって、魂の諸力は、さらに非常に細分化した状態がありうると主張しています。また、現存する人間においては、まだ萌芽としてしか存在しておらず、未来の人類において発展する霊的構成要素にも同様に多くの可能性があるとしています。

ここで考えられているのは、霊我、霊人と生命霊、つまり自我によって作り変えられたアストラル体、エーテル体と肉体です。この要素を自我活動によってある程度まで発展させた人は、意識的な透視能力をもつようになります。ルドルフ・シュタイナーの講義「秘儀の叡智の光の中の芸術」[*14]に書かれていることは、七つの各構成要素が、特定の構成において、他の各要素との親和性をもつため、さらに七つの分節を有します。つまり、全部で七×七の要素があるということです。この多様性の中で方向性を見出すことが出来るように、音程に関した指示を与えています。一度、二度、三度の音程は、それぞれが肉体、エーテル体、アストラル体と対応しています。その他の音楽的要素も、それぞれ人間の構成要素と関連しています。例をあげると、[*15]

拍子―肉体
リズム―エーテル体
響き―アストラル体
音の高さ―自我

私達が音楽を聞く際には、主にアストラル体でさまざまな響きを体験します。しかしアストラル体は、七つの要素からなっているため、同時に他の六つの要素によっても動かされています。しかもその他の六つの要素も、さらに七つの要素から出来ているので、それぞれが非常に違ったように、音の高さと共動・共振します。もちろん私達はこのことをほとんど意識していません。音楽療法を行うときには、音の共動や共振などを意識しながら始めますが、その際、私達の意識外で起こることもたくさんあります。これらすべてを自我が体験するのですが、音楽を体験する際に覚醒している自我は、アストラル体の夢の世界に潜り込んで来ます。私達は、この動いている響きの世界の中での方向性の見出し方、それぞれの特殊な状況で、治療のきっかけがどこにあるのかを模索し、その方法を学ばなければなりません。それゆえ、すべての音楽的な過程を、きっちりと明確に説明することは出来ません。そのための言葉はまだ存在していないし、はっきりした音すらも存在していないかもしれません。夢見心地でしかさぐることの出来ない世界がそこにあります。動きやハミングや即興演奏を使うのですが、すべては確定していません。それはプロセスであり、治療プロセスの有り様が示されるようになるかもしれません。振り返ってみると、このようなひとつのプロセスが、ある具体的な形、例えばあるメロディーやある一連の動き、あるいはただひとつの音程になったことがわかります。

このような観点に立ち、今度は違う方向から、話を楽器というテーマに戻してみましょう。現在コンサートで使用されている楽器は、もともと霊的な世界をイメージして作られています。その後、現代人の音の好みやより大きい空間に合わせて、大きな音が出るように改良されました。こうして十九世紀の大規模な交響曲を演奏することが出来るようになりました。しかし同時に楽器が持っていた癒しの能力が失われ、音のもつ創造力の一部も消えてしまいました。人間の声も例外ではありません。

つまり、音楽作品が大規模になったために、元来、人間の声や楽器の音が持っていた力の一部が犠牲にされたのです。全体としては、偉大な作曲家達の音楽は、実にインスピレーションを与えるものであり創造的でした。

ワルボルゴ・ウェルベック・スワルドストローム氏の歌唱法とコロイの楽器の共通点は、再び生命現象に呼びかけて、肉体をより透過的にする音を作ろうとすることです。新しい方法によって、現在の長音階の原型、つまりギドー・アレッツォの聖ヨハネの賛歌が持っていた、インスピレーションを呼び起こす原型に到達することを試みています。聖ヨハネの賛歌「Ut queant laxis/resonare fibris/mira gestorum/famuli tuorum/solve polluti/labii reatum,/Sancte Johanni」の歌詞では、各行の最初のことばが、ut（後世のド）、re レ、mi ミ、fa ファ、sol ソ、la ラ、si シ どなっています。

ルドルフ・シュタイナーの訳はつぎのようになっています。「貴方のしもべ達が、軽くなった声帯で、貴方の御業の奇跡を歌えるように、地上のものとなった唇（言葉が話せるようになった唇）の罪を贖ってください、聖ヨハネよ」（巻末譜例集参照）

以前にも説明した、運動形態とオイリュトミーとの関係についても触れなければなりません。先に引用した講演「秘儀の叡智の光の中の芸術」において、ルドルフ・シュタイナーは、芸術としてのオイリュトミーが、霊我と生命霊の間、つまり、人間が未来で発展する部分の中にあると説明します。オイリュトミーにおける動きは、肉体によって実行されるエーテルの動きです。生命霊とは、自我によって高度に作り変えられたエーテル体で、霊我は作り変えられたアストラル体です。治療オイリュトミーでは、これを原点として、オイリュトミーの動作を使って直接患者のエーテル体を治すように働きかけることが出来ます。

音楽療法で使われる動きは、自我に支配されたアストラル的な動きで、動きが響きに移行された分だけ抑制されます。これまでみてきたように、これらの動きや響きはエーテル体に影響を与えますが、働き方が違います。自我の上にある要素もこの過程に取り込まれていますが、他方、アストラル体とその要素をとおしても取り込まれるのです。

治療オイリュトミーと音楽療法において、多くの動きが表面的には同じように見えますが、それぞれの出発点は異なっています。近い将来において、治療オイリュトミーと音楽療法との共通点及び相違点を研究する必要があります。

最後に、治療する対象が子どもなのか大人なのかで、治療には大きな違いが生じます。病状や障がいを説明した際、繰り返しを避けるために、大人と子ども両方について述べました。子どもの場合は必ずその年齢段階を基本としなければなりません。つまり、子どもが年齢に合った動作が行えなくとも、まだ包まれている要素に関する法則をもとに、まず、まだ包まれている要素を治療します。大人の場合、年齢段階が部分的にしか表面に現れなかったとしても、個人差が大きな役割を果たします。どのような治療状況においても、たとえ、肉体や生命現象の直接の可能性が減少しても、本人（無意識の場合もある）が持っている、遠い未来に至る発達の願いと取り組まねばなりません。

第二章　音楽療法の原点としての音楽的手段

はじめに

第一章から第二章に移るために、助けを必要としている人（乳児、発達中の子ども、病人、死の床にいる人）のさまざまな魂の状態と、発育や調和、治療を促す響きとの関係を表してみましょう。まず例として、乳児を見てみましょう。頭はかなり大きく、足をばたばたさせて、小さな手を動かし、すべてにおいて、方向性も目標もまだありません。赤ちゃんのすべてを思い浮かべてみましょう。動きや発する声だけでなく、その香りや、部屋の雰囲気全体を支配している赤ちゃんの存在を。乳児は、年齢の進んだ子どもよりずっと強く部屋全体を満たします。肉体の中には存在の一部しかなく、残りは肉体のまわりに存在しています。赤ちゃんが泣き出すと、私達にはどうしようもありません。泣いている原因として、おなかがすいた、寒い、暑いなどを想像することは出来ますが、理性では、泣いている理由を理解出来ない場合も多いのです。自分の周囲の物質的なものと戦っているのか、あるいは、逆にそこから離れようとしているのか、私達にはわかりません。私達はただ、赤ちゃんをなんとか落ち着かせたい、と思っているだけなのです。

子守唄は、最も古い音楽的表現のひとつですが、現代に至るまで常に新しい子守唄が作られ続けてきました。一人ひとりの子どもが、自分だけの歌を必要としています。私達は、子どもを抱いて（多くの人が直感的に、赤ちゃんの頭を左手の肘の内側、心臓のある方にのせます）、揺らしたり、歩いたりします。そうしながら、私達はよく、既存の歌ではない歌をハミングしています。そうすると、赤ちゃんの魂と私達の魂の間に、理性が関与しない何かが成立します。赤ちゃんと共に私達は、人間の原始という未知の深みの中におり、そこでは時間がまだ大きな役割を果たしていません。すると赤ちゃんは、だんだんとおとなしくなり、守られていると感じます。そして私達は満ち足りた豊かな気持ちになり、世界も平和に満たされます。このような過程を時間と結びつけて考えてみると、例えば、急いでいるときにはうまくいかないのです。

子どもがもう少しこの地上の環境に慣れてきたら、すべてがもっとリズミカルに進めるようになります。これは、例えば歯が生えるといった、大きな障壁を乗り越えるまでのことです。そのとき改めて、原始的な過程が私達の規準より重要であることがわかります。人生の最初の七年の間で、原始的な過程が肉体の表面上に見えなくなったとき、子どもはある程度まで自分をまわりの規準に合わせることが出来ます。赤ちゃんが小さいほど、特に母乳を飲ませている間は、母親が肉体的なところまで乳児の生命現象とつながっているので、母親は子どもの原始的要素に応じることが出来ます。

私達の時代には、混乱させられる要因がいろいろとあり、音楽療法の分野も例外ではありません。しかし、私達は調和した状態を原点にすべきです。音楽療法を行う人は、常にこの原点を念頭に置くべきです。セラピスト自身も、かつては遠い宇宙から来た乳児でしたし、個性のある大人になるまで、たくさんの段階を経て成長しなければなりませんでした。例えば、病気や大きな悲しみといったことで、人生が大きく侵害されるたびに、程度の差こそあれ、私達はこの原始的な世界に戻り、地上での個性を保つために戦わなければなりません。これは、地上での任務が完成し、新しい存在に移り去るときまで続きます。

音楽療法のセラピストになりたい人は、母親が自分の生まれたばかりの赤ちゃんの魂を扱うのと同じ様に、病気の人の魂を扱えなければなりません。母親が子どもの魂に届くための最もふさわしい歌い方を知っているのと同じ様に、音楽療法のセラピストも音楽療法の分野で同じ能力を発展させなければなりません。ただしここでは、肉体的なことに注目する母親の愛や、自らの子ども時代の体験のせいで自己中心的になる感情は除きます。

病気や怪我をしている人は、病気や怪我が現れる部分で自分の個性を表現する能力をある程度失ってしまい、乳児のようになります。音楽療法のセラピストは、この病気の部分を最も適切な音楽的手段で包み、看病する能力を持たなければなりません。そして、他の治療法と組み合わせることで、治療の基盤を作り出すことが出来ます。あるいはそれが部分的にしか実現出来ない場合、治療者は、患者と共に不完全な状態で折り合いをつけなければなりません。しかしこれによって、新たな別の発展の可能性が出てくることもあります。

患者が地上で生活する力を失いつつあるときにでも、音楽が、これから新しく出来上がる存在形式を響きに変えることで、調和的な効果をもたらすことが出来ます。新生児の場合と同様、私達は、死にゆく人と共に、人間の原始的存在に降りて行きます。ただし、このとき使う音楽は子守唄ではなく(子守唄はそのリズムのため地上へ向かう性質を持っています)、地上を通過させる楽器の音を使います。

このような方法で音楽療法と携わっているときには、乳児の原始過程に伴うときと同様に、時間は、日常生活と全く違う役割を果たすべきです。永遠を感じる気持ちで仕事をしなければなりません。音楽という方法を使って、時間を超越した空間の無限性の体験を伝えることが望まれます。このようなことが出来るためには、本書の前半で示したこと（そしてそれ以上！）を知ることが必要ですが、また、これらすべてを忘れることも出来なくてはなりません。つまり言い換えれば、人と関わるときには、この知識を魂の無意識の深いところへ沈ませなければなりません。その人から伝わってくる新たなもの（通常言葉では表せない、言い換えられたとしても、感情としてしか表現出来ないもの）、そのようなものすべてに対してオープンでなければなりません。もちろん、私達自身の個人的で主観的な感情は、表に出してはなりません。音楽的な形を使って相手の存在に答えなければならないことは、本書の前半（69ページ以下参照）でも触れたように、自我に支配されたアストラル的な方法で可能です。こうして宇宙は病気の人のアストラル性を癒すように影響し、同じように肉体にも生命現象にも影響を与えることが出来ます。

つまり、私達は音楽の法則と病状を統合しなければならず、こうすれば、病状も治療過程も、音楽的な規則にそっくり置き換えることが出来ます。

本書の前半では、人間とその要素を中心にしました。後半では、音楽的手段とその人間への働きに焦点を当てます。

この仕事に携わってきた数十年の間に、病気の子どもや大人の魂の問題に答える試みとして、たくさんのメロディーや歌、テーマや響きが出来上がりました。そのごく一部は、忘れられることなく書き留められました（巻末譜例集を参照）。それ以外は消え去ったか、病気の子どもや大人の中で具現化しました。書き留めたメロディーは当然、抽象化されたものでしかないので、本来の響きのもつ魔法のような力は、その背後に隠れています。メロディーの効果（響きのもつ不思議な力）は、頻度、楽器、場所、そして他の魂との関わりの中で出来あがった瞬間や、長期間繰り返して使われたという、そのメロディーに対する誠実さに左右されます。紙の上で抽象的な形をとっているこのようなメロディーが、読者の方々の励ましになれば幸いです。

第一節　音楽を構成する要素

音の性質

音を扱うときには、音が特定の性質を持っている生き物であるかのように取り扱うことが大切です。この分野で、特に多くの人々にインスピレーションを与えたのは、アニー・フォン・ランゲ氏（「人間、音楽、宇宙」[*16]の著者）です。

基音から始めますが、基音をドとする場合、次のような性質を感じ取ることが出来ます。ドの音に耳を澄ますと、自我の力が強まるのを感じ、無意識のうちに背筋がピンとします。ドは、地上の人間に属する、力強い音です。

レは違います。レには結びつける性質があり、自らにとどまることはあまりなく、音と音を結びつけるのです。

ミは、内面に向けられた、きらきらした温かさを持っています。

ファは集める働きをします。ドのもつ力も少し持っていますが、姿勢を正す力ではなく、集める力です。

ソは、早いスピードですべての音をつなげます。ソの性質は、早い音の鎖の中で表現されます。

ラは、外に向かって輝く暖かさの音、太陽の音です。

最後のシは、あまり物質的ではない音、人間の頭の周囲を流れる響きの世界を再現する音です。

　これらの音を上げたり、下げたりすると、音質が強まったり、弱まったりします。本当は、例えば四四〇ヘルツ／Hzといった、一点に固定された音ではなくて「音域」を前提とした方が良いのです。このような音は、魂の中を歩んで来た、耳には聞こえない道が、単に、表面に現れた結果でしかないのです。

　これらの音はみんな、太陽、月、惑星、人間の臓器、金属、曜日とも関係しています。

ド	火星	胆嚢	鉄	火曜日
レ	水星	肺	水銀	水曜日
ミ	木星	肝臓	錫	木曜日
ファ	金星	腎臓	銅	金曜日
ソ	土星	脾臓	鉛	土曜日
ラ	太陽	心臓	金	日曜日
シ	月	脳と性器	銀	月曜日

　ドが火星ではなく土星に属するという前提にすることも出来ます。宇宙の構成から考えれば、ドの地上的な性質が土星にも対応するので、これも正しい前提です。人類において、土星紀は人間の物理

的な身体の根源が作られたときです（ルドルフ・シュタイナー著「神秘学概論」参照）。ただし、本書では初めに述べた順番にしたいと思います。どのような図式にも言えることですが、前述の表をみると、知的な関連づけをしてしまう危険性があります。しかし、決してそのようなつもりではありません。時間をかけて、それぞれの音の本質に没頭すると、質的な絶対音感を身につけることが出来ます。すると、音がもつ性質によって演奏された音を区別出来るようになります。生まれつき絶対音感を持っている人は、むしろ音高（ピッチ）の問題として物質的に聞きます。音の性質とは無関係に、例えば四四〇ヘルツ／Hzに聞こえればラと判断するということです。この物質的な絶対音感は過去のなごりですが、質的な絶対音感は未来に向けられています。もちろん音高の問題としての絶対音感を持っている人が、練習して質的に聞き取ることも学べます。

さらに、さまざまな金属の本質に没頭することも出来ます。[*17] 臓器について学びたい場合、とっかかりはいくつもあります。例えば、構成要素や、人間の三構成、あるいは気質との関連において臓器と取り組むことが出来ます。これは音楽療法と医師の活動分野が接するところなので、両分野を統合することも可能です。

私達は、すでに幼いころから曜日とある程度関わっています。一週間の各曜日は同じではありません。例えば、大自然の中に一人でひきこもった場合や独房に閉じ込められた囚人には、曜日がみんな同じように見えるかもしれませんが、人間がいっしょに暮らすようになると、それぞれの曜日に顔や色が見られるようになります。フランス語では、曜日の名前に、曜日と惑星の関係が残っています。オランダ語では、太陽、月、土星と曜日の関係がはっきりしています(Zaterdag=土星日、土曜日の意味)。

太陽、月、惑星と、金属との関係は、古代においても知られていました。現代に至るまで「金色の陽光」や「銀の月光」と表現します。水銀はフランス語でmercureといいます（mercrediは水曜日）。これらは、すべて、地球が今よりもっと柔らかで、部分的に液状化していたころのなごりです。太陽、月、惑星は、まだ可塑的な地球を変形させ、この影響で金属類が出来ました。金属は固体となりましたが、今でもその宇宙の由来との関係を反映しています。

ここでのポイントは、これらすべてを徹底的に勉強して、そして忘れることです。短期間にしろ長期間にしろ、時間がたつと私達自身の中にある関連が出来あがり、知性によって成立したものとしてではなく、効果的に働くようになります。

音列と音階

人類の音楽的発展の道は、非常に大きな音程から始まりました。ルドルフ・シュタイナーは七度の体験という表現を使っています。時間の経過と共に音程はだんだん狭まり、現代は短二度に達しています。音階もいくつかの変遷を重ねてきました。はじめは、三つ、あるいは四つの音からなる音階があり、その後、半音のないペンタトニックが登場しました。ペンタトニックの音階はまだ大変自由であり、純粋な基音はありませんでしたが、音の中心はありました。ペンタトニックそのものは、本質的に変化しなかったものの、徐々に、中間音が出来ました。古代ギリシャの音階については、宇宙を起点にして下がる形をしていたことが知られています。音階は、基音から下がる音列という点で一致していました。中心となった音階（ドリア音階）は、ミから下がっていきました。音と音との間の音程が、現代とは少し違っていたと考えられています。当時の音楽についてわかっていることは、他にあまりなく、古代ギリシャ語の「コロス」の概念に表されているように、動き、歌唱、語り、楽器の演奏が一体となっていた程度のことしかわかっていません（37ページ参照）。そのため本書の付録にもギリシャ音階は含まれていません。

　中世の教会旋法の音程は、同じ名前で呼ばれていますが、上がる形をしています（巻末譜例集参照）。ギリシャ音階と教会旋法は、同じ名称で呼ばれていますが、同一のものではありません。教会旋法の中心となった音階の名前も「ドリア調」ですが、レからレに上がります。その他にも、基音に向かって上昇する音階があります。ド（現在の長調）、ミ、ファ、ソ、そしてラ（現在の短調）に向かう音階です。長調と短調の二つの音階を除いて、各音階には独特な音程があり、それらの音程は、現在の短調より強い短調の性質、または現在の長調より強い長調の性質を与えたり、あるいは短調に長調の要素を、逆に長調に短調の要素を与えたりしています。表にすると次のようになります。

ド	イオニア	長調
レ	ドリア	長六度が入った短調（短調の中に長調の要素）
ミ	フリギア	短二度が入った短調（短調の中にさらに短調の要素）
ファ	リディア	増四度が入った長調（長調の中にさらに長調要素）

ソ　ミクソリディア　短七度が入った長調（長調の中に短調の要素）
ラ　エオリア　　　　短調

つまり、当時は、たくさんの異なる調性があったのです。後の時代に、長調と短調へと単純化されましたが、その際、長調が主たる調でした。和声的短音階も、第七音が高められるために、長調的要素を持ち、旋律的短音階でも、上昇するときには第六音と第七音が高められるために、長調の要素が出来ます。

こうして、人類は完全に地上に到達しました。その後、半音階（半音だけから出来ている音階）によって、音階は密になり、後に無調性になっていきました。そして全音音階（ドビュッシー）や十二音技法による音楽（シェーンベルク）によって、音階は刷新され、拡大されました。

アロイス・キュンストラー、ユリウス・クニーリム、ヤン・ニルソン、ノルベルト・フィッサーやローター・ロイペケなどは、七音音階や十二音音階によって新しい音程の体験を模索しています。こうして音域をもっと自由に用い、音が純粋な周波数であることから解放されていくでしょう。ドミートリイ・ショスタコーヴィッチやアルフレット・シュニットケやソフィア・グバイドゥリーナのような現代ロシアの作曲家は、ときに民謡に由来する全く新しい響きを原点にしています。

そして、楽器には、それぞれ特定の音域との相性があります。弦楽器はレの音域にあり、いろいろな管楽器、例えばオーボエはファの領域と関連があり、ピアノはドの音域と最も親密な楽器と言えるでしょう。

アンドレアス・ヴェルクマイスターの著作によって、一六九〇年頃、平均律と関連して純粋な響きの体験に全く新しい視点が生まれました。それまでは、人々は純粋な調律、つまり完全五度で演奏し歌っていました。この場合、大きくかけ離れていない調を演奏する限りにおいて、問題は起きませんでした。五度圏は、実は、循環することはなく螺旋状です。五度を十二回重ねると、七オクターブより一音高くなるからです。そのため、鍵盤楽器を調律するときに「狼の音」つまり不純な音が出てきました。アンドレアス・ヴェルクマイスターの大きな発明は、十二回の五度と7つのオクターブの差違を鍵盤全体に分配したことです。こうして、すべての五度は純粋ではなくなりましたが「狼の音」もなくなりました。不純さが非常に小さいので、私達の耳は修正しながら聞きます。こうして、すべての調を使えるようになりました。バッハは、この新しい可能性を初めて使った作曲家の一人で「平均律クラヴィーア曲集」を書きました。

バルブという技術的な助けによって、管楽器も平均律で演奏出来るようになりましたし、平均律を弾くために、構造上の変化を必要としなかった弦楽器やトロンボーンなどは、もちろん、オーケストラの中で、他の楽器に合わせて平均律で演奏することが出来ました。こうして「純粋」に演奏出来るのは無伴奏合唱や弦楽四重奏（や他の弦楽合奏）だけになりました。

このような変化によって、それまで知られなかった調での演奏が可能になり、音楽の世界に大きな豊かさがもたらされました。しかしその反面、音が無理に窮屈な服を着せられたように、特定の周波数に強制され、もはや宇宙の法則とは完全には一致しなくなりました。逆説的ではありますが、バッハの音楽から発せられているように、まさに、人類はこの法則を大いに体験することが出来るようになりました。平均律によって、宇宙をいわば物質的に表現する手段が増えたのです。反対に、未来への音楽は、宇宙の響きを再現するために、再び、透明な音や楽器を求めるようになりました。こうして「音域」も自由になり、ある点（周波数）に固定されることはなくなります。しかし、さらに幅広く自由な可能性は、現在のところ、簡単な音楽形式でしか実現出来ず、厚く重ねられた和音では実現されていません。最終的には、すべての音域がお互いに重なり合い、つまりラがドの中や、シがファの中でも響くようになります。ただし、各音がそれぞれの音域を持ち、独特な色彩を持ちます。

拍子の種類と動機

拍子の種類は、物質的な四分の二拍子から始めます。私達は二本の足で歩きますが、右足が打つ最初の拍は、左足の拍よりやや強いのです。次は四分の四拍子（C）、心臓のリズムです。これらの種類の拍子を、身体的にとどまらず、私達の生命現象や感情でも体験してみるようにします。四分の三拍子では「自我」が強く関与しますが、これは足が二本であることと関係しています。この拍子は、私達をもっと自由にしてくれます。中世では、四分の三拍子を完全なもの（聖なる三位一体）と見なし、円（○）で表しました。それに対して四分の四拍子は、欠けた円（C、不完全）で表されましたが、後の時代には、間違って、アルファベットの「C」とされました。けれども四分の三拍子が常に自由を与えてくれるわけではありません。例えばウィンナ・ワルツのように、メロディーに対して和声が固定していることで、四分の三拍子によって、恍惚状態になったり我を忘れたりすることもあります。八分の六拍子は、二つの部分から構成される要素と、三つの部分からなる要素を組み合わせたものですが、普通は二つの部分から構成される拍子だと考えられています。こうして、四分の二拍子の場合より多様化の可能性が増えます。

四分の五拍子と四分の七拍子は、これまで述べてきた拍子よりも、さらに生き生きと軽やかな自由を与え、肉体とのつながりは、より希薄になります。弱拍と強拍を結びつけるシンコペーションの場合、リズムが拍子を壊します。それでも拍子は存在し続けますが、リズムの方が強いのです。同じリズムをずっと繰り返すと、陶酔状態が生まれます。

さらに、動機（モチーフ）の自由というものもあります。この場合、モチーフは、速くなったり、遅くなったりと、全く自由に演奏され、多くの場合、歌詞がつけられていて、決まった拍子がありません。それでも一つ、あるいは複数の拍子と関係がある場合でも、モチーフということが出来、これは、文字どおり「動き」、音楽的な動きなのです。

言語と同様に音楽も、呼吸の要素によって感情を表現する、生きている息の流れです。曲は、最初の音符から最後の音符まで、ひとつの大きな動きのようなもので、この大きな動きは、小さな動き、例えば前拍子や後拍子や、動機などに分かれています。全体がひとつのリズムで貫かれていて、はっきりと表面に出ていなくても（例えば、カデンツやその他の自由な演奏などの場合）、あるリズムが一貫して響いています。大きな動きのリズムは、いつでも存在しています。一つひとつの音を鳴らす場合でもリズムはあります。ひとつの音は決まった時間響いており、始まりと終わりがあります。そして、初めから終わりが準備されています。音の強さが強くなる場合も弱くなる場合もあり、音の高さもさまざまです。これらはすべてリズムの流れですが、あまり目立ちません。このように、程度の差はあるにせよ、隠れている流れは、拍子のあるなしに関わらず、どの楽曲にも存在しています。音をのばし、小さなアクセントをつけ、響きを洗練させ、休止するという中に、つまり、魂が音楽的要素を使って、地上での存在を表現するために模索している深く親密な方法の中に、隠れている流れは現れているのです。

多声音楽

セラピーで用いられる多声音楽は、非常に単純なものに限られます。例えば、ペンタトニックの和音や、メロディーを支える、四度、五度、オクターブの音程を使うことが出来ます。

その他に、交差する二度の動きという形で、質問のモチーフと返答のモチーフを使うことも出来ます。これには教会旋法が向いています。さらに、全音音階を使って和音を作ることや、カノンや対称形にすることも出来ます。（巻末譜例集参照）

一つの音、二つの音、三つの音を使った歌から長調・短調に至るまで

第一章でも述べたように、就学前の子どもの場合「幼児三度」つまり下がる短三度から始めます。同時に、同じ音の上でリズムの練習をします。動きをつけ、響きを体験し、お互いに注意深く聞き合うことで、次第に完全な音に近づいていきます。子ども達の音は、初めは私達大人の耳には、合っているように聞こえず、例えばレの周辺のどこかの音を出しているように聞こえるでしょう。音程が正しければ、豊かで充実した生き生きとした音になり、抽象的なところは全くありません。次に、三つの音を使った歌を使い、ゆっくりと、ペンタトニックに移り、いくつかのステップを経て、長調と短調に進みます（巻末譜例集参照。ただし、移行するために用いられるすべての例をあげることはしていません）。

音楽を使った物語

落ち着きのない子ども達のグループと取り組み、本物の音楽体験に至るのが難しい場合、ひとつのイメージを使ったり、一場面を思い浮かべたりするだけでは十分でないことがあります。ですから、子ども達の注意を引くために童話を語ります。ライアーやハープを使って、童話を音楽的に描いてみせます。子ども達がいっしょに歌える簡単な歌も組み込みますので、子ども達は、知らず知らずに音楽の世界に誘い込まれていきます。

ここで例としてあげる童話は、グリム兄弟の「不思議な楽士」です。かっこの中の数字は、巻末譜

例集にあげられている曲の番号です。

① 不思議な楽士

ライアーを弾く楽士がいて、都会や農村をまわり、頼まれればいつでも演奏していました。お祭りや結婚式といった、みんなが楽しんでいるところで、踊りの音楽を演奏すること（39）もありましたが、お葬式に悲しい音楽を演奏しなければならないこともありました（41）。子どもの洗礼式でも（40ａとｂ）、村長の誕生日（42）でも演奏しました。そして、王様の大きな祝宴で演奏する栄誉が与えられました。しかし、お城に行くためには、何日も暗い森の中を歩かなければなりませんでした。森で楽士は一人ぼっちでした。いつも人々といっしょにいて、彼らのために演奏していたので、一人でいることに慣れていませんでした。森の静かなことといったら。楽士は演奏し始めました（39）。もしかすると誰かがくるかもしれません。しかし誰も来ませんでした。ですから歌うことにしました「私は、こんなにさみしい」（29、子ども達もいっしょに歌う）。すると何かが聞こえてきました。しかしそれは人間ではなく、大きな狼が飛び出して来たのです（43）。

狼はライアーの弾き方を教えて欲しいと言い、良い弟子にふさわしく、楽士の言うことは何でもきくと言いました。しかし、楽士は狼をだまして狼の足を木の穴の中に入れさせて、足の上に石をいくつも投げ入れました。こうして、狼は逃げられなくなりました。

楽士はさらに歩いていき、再びライアーを弾きましたが、今度も誰も現れず、もういちど「私は、こんなにさみしい」（子ども達といっしょに）を歌いました。すると立派な尻尾の狐がやってきました（44）。狐もライアーを習いたいと言い、楽士の言うことは何でもすると約束しました。しかし楽士は狐もだましてしまいました。若い木を二本下に曲げて、狐の前足を一本ずつ木に結びつけました。木がもとにもどると、狐は二本の前足を結ばれたまま木にぶら下がってしまいました。楽士はさらに進んでいきました。

再び楽士は、静かな森で楽器を弾いたり歌ったりしました（子ども達といっしょに）。するとウサギが飛び出してきました（45）。ウサギも楽士になりたいといって、何でも言うことを聞くといいました。しかし、楽士はウサギの首に紐を掛けて、何度も何度も太い木のまわりを回らせました（子ども達もいっしょに数える。30から40ぐらいまで。毎回、ライアーでグリッサンドします）。最後には紐が絡まってしまい、ウサギは逃げられなくなってしまいました。楽士は先へと歩みを進め、演奏したり歌を歌ったりしました（子ども達といっしょに）。すると、音が聞こえてきました。トン、トン、トン（46）。木こりだ、やっと人間に会える。急いで木こりのところへ行くと、木こりも久しぶりに人に会えたことを喜びました。楽士は木こりのためにライアーを弾きました。しかし突然、大きな音がして（両手でグリッサンド）、動物達が現れました。力持ちの狼（43）は自力で逃げだし、立派な尻尾の狐（44）と、ウサギ（45）も逃がしました。彼らは怒って襲いかかってきました（43、左手でグリッサンド）。しかし、木こりが斧を持って動物達を追い払いました（両手でグリッサンド）。その後、動物達は、二度と音楽をしようとは思いませんでした。音楽が出来るのは、人間だけなのです。

楽士は木こりに別れを告げ、演奏しながら森を通って王様のお城に行き大きな祝宴で演奏しました。

このように、音楽をつけるのに向いている童話はたくさんあります。例えば「ブレーメンの音楽隊」や「小さいロバ」などですが、可能性は無限にあります。式年祭などでは、さらに枠を広げて、語りを担当する人と即興演奏するグループで上演することも出来ます。その他に、いろいろな歌を使って、お話を作ることも出来ます。しかし、歌が最も重要であり、物語は歌をつなげ注目を集める手段に過ぎません。次はその一例です。

② 小さい男の子

ある暖かい初夏の日に、小さい男の子が草原で仰向けになってぼんやりとしています。ミツバチが飛んでいます。子ども達は「七月」(17)を歌います。そして男の子は、ミツバチだけではなく、小さな空気の妖精も花の間を飛び回っているのに気がつきます。子ども達は「空気」(7)を歌います。近くに池もあるので、水の妖精もやってきていっしょに踊ります。子ども達は「水」(9)を歌います。男の子が、大きい広い海まで連れて行ってくれないかと尋ねると、妖精達は男の子を連れて行くことにします。草原で寝ころがっている男の子を、水の妖精達が大きい広い海へと連れて行きます。男の子は、そこで波間に踊る人魚達を見ます。子ども達は「水の妖精」(10)を歌います。そして、船がやって来ます。暗くなっているので、船の明かりで船が来るのがわかったのです。子ども達は「真夜中」(3)を歌います。そして、男の子は寒さで目が覚めます。もう陽は沈んでいたので急いでお家に帰ります。お父さんとお母さんは、心配して男の子の帰りを待っていました。

家に帰ることが出来て喜んだ男の子は、空気や水の妖精といっしょに人魚のところまで行った長い旅の後、しっかりと地上に戻ったことを実感するために、両足で強く地面を踏みます。子ども達は「地上」（6）を歌います。


物語は以上ですが、このようにいろいろな種類の歌をもとにして、たくさんの物語を作ることが出来ます。前述の物語に使った歌は、ペンタトニックのものもあれば、短調（「水の妖精」）、長調（五度の範囲）のものもあります。空気と水の妖精達の歌には、かなり複雑なリズム（付点）が使われているので幼い子どもには向いていません。ペンタトニックから長調・短調への移行期にいる子ども、つまり八、九、十歳の子どもに適しています。

音楽史においても、ひとつの音組織から別の音組織へと突然変化することはなく、常に移行期がありました。子どもといっしょに音楽をするときも同じです。一定の期間、移行期の音楽を用いて、子ども達がどのように反応するかを見てみましょう。

九歳になると、自己認識が全く新しくなりますが、これは外界に対してだけではなく、肉体の奥深く代謝にまで及びます。すると、より複雑なリズムに至ることが出来ます。療育施設の教室では、移行期間はもっと長くなります。多くの子ども達は、九歳の自我認識に達するまで長い時間がかかります。新しい自我認識にまだ達していない子ども達にとって、小人（ノーム）や水の妖精（ウンディーネ）や空気の妖精（シルフ）や火の妖精（サラマンダー）などのおとぎ話の登場人物が、幼い子どもの場合と同様に、まだ現実的な意味を持っています。子ども達は、実際にこれらと出会い、自我の成長が十分でない子どもには、それらが見えて、第一章の精神疾患前段階にある子どものところで説明したとおり（81ページ参照）、とりつかれているようになることもあります。

しかし、通常に発達する子どもも、幼児期に私達の目には見えない友達がいて、その友達に名前を付けることもありますが、この背景には、逆に向こうから幼児の発育に興味を示している自然の存在が隠れているのです。科学技術に支配された環境が混乱を引き起こしている現代においては、小さい子どもが、もはや十分に保護され守られていない状態にあることがよくあります。このことは、不安やいらいら、集中力の欠如、不安で夜よく眠れないことに現れることがあります。このような子ども達には、地球環境を守り、植物を成長させ、花を咲かせる、土の妖精、空気の妖精、水の妖精の生きした世界と接することが恵みとなります。[*18] 子ども達は物語の題材からメルヘンを体験したり、あるいは情景（例えば人形劇、演劇やスケッチ・絵）や歌の中でメルヘンを体験することで、妖精の世界と結びつくと安心します。また、まだ幼いために、とても恐ろしく思える周囲の巨大な世界とのつながりが、もっと深いものであると感じることが出来ます。こうして、今までと違う植物や動物の見方を学び、このことが、後の人生の段階で純粋に知覚することにつながり、さらに、正しい思考、つまり抽象だけではない思考にもつながっていきます。

この段階では、体を動かす遊びや楽器が大切な役割を果たします。五度の歌「小人の歌」（4）の場合、リズミカルな遊び、例えば木の棒や木のブロックの太鼓、あるいはトライアングルも使えるかもしれませんが、これらでリズム遊びをすることで、歌うことの他にあらゆる動作を音で表現することが出来ます。「山の小人」（6）も同様に、リズム遊びをしながら歌うことが出来ます。

「五月」（13）の歌には、さらにリズミカルな動きが必要です。短短長のリズムの、初めの二つの短い音のときは、腕を曲げて胸の方へ引き寄せ、長い音のときは腕をのばします。同時にリズムに合わせて歩くことも出来ます。「春」（11）は、音の高さを示すのに向いていますし「人魚」（10）と「水」（9）や「空気」（7）は、左から右へ、右から左へ揺らす動きをするのに用いることが出来ます。拍の強い部分を右、弱い部分を左で体験するようにします（強拍と弱拍）。立ったままでも坐ったままでもいいのですが、お互いに腕を組んで、輪になり、練習します。「聖霊降臨祭1」（14）は、ペンタトニックに調律したボーデンライアーや、子ども用ハープで伴奏することが出来ます。

これらは、すべて一例に過ぎず、いつでも、動きと歌と楽器演奏の新しい組み合わせを作り出すことは可能です。

動きを伴う歌の典型といえば「動きの歌2」（32）です。子ども達は、内側を向いて輪になって、手をしっかりつないで、輪の中へ進んだり広がったりします。「また行く」というところで手をあげます。

もうひとつ、輪になって動く歌は「動きの歌3」（33）です。このように、動きを伴う遊びは他にもたくさん考えられます。すでにある歌を使うことも出来ます。歌いながら空間的な方向を体験するようにします。さらに、歌をつなげた物語や、動作で表現する物語を使って演じさせることも出来ますし、演技や歌を含む、短いけれど本格的な演劇遊びをすることも出来ます。

歌が出来あがった過程について

本書に載っている歌の背景には、それぞれ物語があり、ある特定の状況の中で出来上がりました。この意味では、他の音楽作品となんら変わりありません。どのような音楽も、感情や願いや夢から生まれたものだからです。

「不思議な楽士」に登場する歌（29）は、ある小さい療育施設に住んでいた六歳の癲癇の男の子のために作りました。彼はいつも大変活発で、夕方になると苛立ちをコントロールするのが非常に難しくなりました。彼は他の子どもをつかんだり蹴ったりしましたが、誰がやったのかわからないようにやったので、子ども達は互いに殴り始め、あちこちで喧嘩が始まりました。それはちょうどお話の時間でした。喧嘩しているグループを落ち着かせるために、そして特にあの男の子のためにこの歌が出来ました。歌は効果てきめんでした。子ども達は「ラララ」と歌ったりハミングしたりしながら、静かに身体を揺らしました。これを数回繰り返すと、みごとに静かになり、お話を始めることが出来ました。

後に、あるシュタイナー学校のとても騒々しいクラスで、この歌に歌詞がつけられました。そこでは、この歌が、前に述べた「不思議な楽士」というメルヘンを演じるために使われました。さらに、後になって、メロディーに新しい「衣装」が着せられました。伴奏用の声部が二つ付けられ、オーケストラ曲として大人のグループで演奏されるようにもなったのです（「七人の舞踊家のロンド」76 b）。

痙直型脳性麻痺の小さい男の子のためには、ペンタトニックの音階に手を加えました。彼は五歳で、以前は歩くことが出来ましたが、だんだん足が硬直して交差したままになってしまいました。支えがないと、坐ることさえ出来ませんでした。話すことは出来ましたが、相手に言われたことをオウム返しするばかりで、意味のあることを話すことはありませんでした。療育施設に五週間滞在してケアを受けたときに、私が毎日彼を担当しました。（ベッドで寝ていたので）ゆっくりと慎重に彼の手を引っ張って坐らせ、その間ド（起き上がる力の音）から始まるペンタトニックの上昇音階を歌いました。そして寝かせるときに、同じ音階を降りて行くように歌いました。その後、彼を何度か転がして、足の緊張をとると、足は交差しなくなりました（47の中間の部分）。次に再び、ドを基音とするペンタトニックの音階を上がったり下がったりしました。訓練中は、陽が当たる場所にベッドを置いてもらいました。訓練の中で太陽は大切な役割を果たしました。数週間が過ぎて、彼は初めて話し始めました。「ディキ（彼の名前）、坐れる」や「ディキ、ひなたに坐ってる」などです。小さな奇跡が起きたのです。治療の過程ではありませんが、人間のもつ能力のひとつが目覚めたのです。

48の歌は、主にペンタトニックで出来たメロディーですが、ドの音も含まれています。これは、話せない十一歳の自閉症の男の子とした、ボールを使ったリズミカルな練習の一部でした。運動能力が高い子どもでした。この曲も移行期の音楽です（ペンタトニックですが、ドが含まれています）。彼の魂は成長していませんでしたが、身体は整っており、年齢に見合って発達していました。このメロディーも、前述の曲同様、伴奏部が加えられて、オーケストラ曲として「七人の舞踊家のロンド」（76 a - g）に再登場しています。

その他にも、巻末譜例集の中には、小さい子どものためではないペンタトニックの楽曲がいくつかあります。それは、例えばオクターブの跳躍が使われたり、リズムも揺れたりするようなリズムではありませんが、思春期の子どもや、思春期を過ぎた人のための曲です。簡単な曲であっても「大人」としてペンタトニックを体験し、ペンタトニックのリコーダーやペンタトニックに調律したボーデンライアー、ライアーやシロフォンで演奏出来る人のための曲です。具体的には「イースターの鐘」（38、施設のオーケストラのために作られた）「大きいフルートの歌」（37、オスティナートの伴奏がついているカノン）「小さいフルートの歌」（36）です。「小さいフルートの歌」は「夜」（３）といっしょに演奏することも出来ます。

音程

音質を体験し音質を原点にして歌を歌うほかに、音程も音楽体験に取り入れることが出来ます。実は、前にあげた歌にも音程の体験が含まれていました（例えば６の「地上」の四度）が、この歌を歌っていた子ども達は、まだ音程を意識していませんでした。子どもが音程を意識出来るようになるのは十歳から十二歳になってからで、それでもなお主観的な体験です。

前述の講演『秘儀の叡智の光の中での芸術』においてルドルフ・シュタイナーは、音や音程は窓のようなもので、この窓を通して霊的な世界を見ることが出来る、と述べています。このように、音や音程が学習に役立つことがあります。しかしこれは、学習したいと望む大人の場合だけです。前述の年齢段階の子どもの場合は、反対の方向へと進めます。子ども達は、霊的な世界から地上への途上、つまり成長過程にあります。子ども達にとっては、音程が自分の感情の動きにどのように影響するかを体験することが重要です。音程、そして後には、音程によって作られたもの、つまり和音が、気分にどのように影響するのか、そして自分の気分をどのように音程で表現出来るかを体験することが大切です。

色の場合もそうですが、音程や音からは、霊的な世界の何かが、魂や生命過程、肉体の中にまで差し込んで光ります。音や色は、私達を取り巻く世界の物理的なものまでも変えることが出来ますが、これは霊的要素をとおして起こります。逆に、音程を体験するために情景を使うことも出来ます。このようにして、十歳から十二歳の子どものクラスで、次の「音程の物語」が誕生しました。

修道士 — 音程の物語

大昔、高い山に囲まれた谷に修道院がありました。谷には小さな川が流れていて、とても実り豊かでした。修道士達は昔から、野菜や花だけでなく薬草も栽培していました。そして修道院には、医術についての多くの知識が蓄えられていました。人々は遠くから修道院に来て癒され帰って行きました。

修道士達は絶えず働いていましたが、修道院は豊かではありませんでした。病気を治して欲しいという人達は貧乏で、お礼として少しばかりの小麦粉や亜麻布しか渡せなかったからです。修道士達はそれでも満足して、静かに世間の喧噪から離れて暮らしていました。彼らは星や石や植物や動物の秘密を知っていました。同じ頃、高い山の上に別の修道院がありました。とても裕福な修道院で建物も立派でした。そばに大きな教会もあり、日光が屋根に当たると、まるで黄金で出来ているかのように輝きました。その修道院の修道士達は、誰もがとても教養深く、古文書を研究していて、図書館には全世界の知恵が集められていました。権力のある王や貴族も、問題を抱えているときや決断しなければならないときに、アドバイスをもらいに山の修道院へ行きました。

ある日、山の修道士達の間で眼病が発生しました。次々と目に炎症が起きて、みんな目が見えなくなっていきました。腕の良い医者達も呼ばれましたが助けにはなりませんでした。病気はどんどん広まり、目の見える山の修道士はとても少なくなりました。病気の修道士の目は激しく痛み、だんだん見えなくなりました。そこで山の修道院長は、まだ元気な修道士の一人を呼んで、助けを求めて馬で世界中をまわるようにと送り出しました。修道士は、町や村に着くたびに角笛を吹き、人々がたくさん集まると、旅をしている理由を説明しました。しかし助けられる人は一人もいませんでした。

修道士は、ついに谷の修道院にたどりつきました。谷の修道院長は、目の病気を治す薬を作るために、あらゆる努力をすると約束しましたが、それには時間が必要でした。馬に乗った修道士は薬が出来上がるのを待っていることが出来ず、先を急ぎました。谷の修道士達は薬を作り始め、一週間後には、たくさんの塗り薬が出来ました。谷の修道院長は、長いひげを生やした豊かな知恵をもつ老修道士と、とても若い修道士に、高い山の上の修道院に薬を届けるようにと命じました。馬がなかったので、三日間も歩かなければなりません。二人はそれぞれ新鮮な水とパンの入った袋を背負いました。若い修道士の袋には薬が入った大きな壷も入れました。こうして二人は出発しました（物語のここで、音程が登場します）。

深い谷や急な坂（長二度、49）を通らなければならず、山を登らなければならないこともあり（異なる基音の四度を三回、50)、足を滑らすこともありました（半音階、51）。

若い修道士はとても疲れて「疲れて、もう歩けません」と言いました。（上がる短三度と下がる短三度、53）しかし、老修道士は「歩かねば。歩けるよ。歩くのだ」（上がる三度を三回繰り返す、54）と言い、二人は陽が落ちるまで歩き続けました（下がる短七度、52）。二人は坐って簡単な食事を取り、老修道士は「休んで、寝よう」（長二度二つと短二度ひとつ、55）と言いました。次の朝早く、まだ暗いうちに老修道士は起きて、陽が昇ると若い修道士を起こしました。「陽が昇った」（上がる完全五度、二回、56)。二人は食事をした後、再び出発しました。この日も前の日とほぼ同じでした（全曲を同様に、繰り返して歌うことも出来ます）。ただし、この日は深い谷を越えなければなりません。若い修道士は怖くなって「怖い、行けません」（増四度3回、57）と言いました。しかし、老修道士はまた「行かねば。行けるよ。行くのだ」（上がる三度を三回繰り返す、54）と言いました。

そして、三日目になりました。この日も前の二日間と同じようでしたが、陽が落ちる頃、とうとう山の修道院が見えました。二人は、金色の陽の光が、遠くの修道院の屋根や教会の塔を赤々と燃えるように照らしているのを見ました。山の連なるみごとな風景や黄金色の修道院を見ると、二人は疲れを忘れて腕をあげ「やあ、なんて綺麗だ、やあ、なんて立派だ」（上がる長六度、58）と叫びました。

しかし、二人はまだ目的地には着いていません。さらに狭く深い谷を飛び越えなければならないのです。最初に若い修道士が飛び越えました。「高く、高く」（長七度、59）。老修道士は、はじめは怖がっていましたが、若い修道士が手を延ばして「高く、高く」（長七度、59）と言うと、飛び越えることが出来ました。そして、やっと山の修道院にたどり着くことが出来ました。

山の修道院長は二人が来るのを見て、鐘を鳴らすように言いました（オクターブと五度、60）。すると、鐘の音を聴いたみんなの中に希望が湧いてきました。病人達を塗り薬で治療すると、三日後には、全員、目が見えるようになりました。修道士達は神に感謝して賛美しました（完全五度、61）。

音程の話は以上です。もちろん、相互に強めたり弱めたりする働きの、他の音楽的な要素とも組み合わせることも出来ます。

長調と短調から全音音階を経て十二音音階へ

十二歳の子どもが長調と短調の歌（教会旋法も含む）が歌えるようになると、オクターブも自覚しながら体験するようになります。楽器を使ってオクターブを練習するときに、四度、五度と八度が出てくる鐘の歌（62）を使って、いっしょに演奏することが出来ます。このような楽器の響きは、クリスマスやイースターの歌の前奏や後奏に向いています。長調と短調の音階を練習し、そして三和音や七の和音、複数の声部がある曲も練習します。その次は、全音音階（74）の練習をし、そして最後に十二音音階の分野（85）も試してみます。全音音階と十二音音階の領域は、現代の長調・短調の文化から私達を解き放ってくれます。ですから、この二つの調は、思春期に特に強く感じることのある開放感を与えることが出来ます。十二音音階を扱うのには、きちんとした訓練が絶対に必要ですし、この音階を素直に受け入れられることも必要です。

ペンタトニックは開放的な音階なので、長所のひとつとして、十二音音階というさらに新しい領域のために、聴覚を自由にしてくれます。そのため、健常な人でもしばらくペンタトニックと取り組むことは、良いことだと思います。しかし「幼児の音楽」としてではなく、むしろ現代の私達の中にも多少響き続けている祖先の表現形態として体験するのです。そのような体験を通して自由に聞くことが出来るようになりますし、十九世紀には、長調・短調の領域で偉大な作品が生み出されはしましたが、もはや、長調・短調の伝統に左右されることもないのです。そして、十二音技法の音楽を健全に聞くことを学び、しかも十二音技法で表現出来るようになれば、ある種の自由、正当な自由に至ることが出来るのです。

精神疾患の人の場合は違います。このような人も同じ自由を求めており、身体が自由になったと感じた瞬間に自由になると思っています。しかし、精神疾患の人の場合、感じた自由は、芸術や瞑想を学んだことから生まれたものではなく、病気の身体から生じているのです。そのため、霊的世界を感じ、たまに超感覚的なイメージが見える人もいますが、器官が病んでいる影響で、すべてがねじれてしまいます。まるで、臓器の力が溢れ出ているようなものです。十二音技法の音楽を体験する場合、自由に聞くことが出来るようになった人の健全な感じ方と、精神疾患の人が音楽から受ける、ねじれた、ときに悪魔的な印象が、非常に近いこともあります。

セラピーでは、十二音技法の音楽を、いわゆる「とりつかれている」人の治療にうまく利用出来ますが、これは規則性を学び、最終的に五度を新たに体験するためです。五度は、地球と宇宙のバランスを表します（音程の話・陽が昇る、完全五度、56）。この場合、地球から見た太陽を体験するのです。しかし早過ぎる段階で十二音技法を用いると、精神疾患の人は自分を太陽と同一視してしまい、心理的に焼き尽くされてしまいます。
いくつかの調の領域を進むという前述の過程は、思春期とそれ以降の人達のためにと考えられたものです（巻末譜例集参照）。

第二節　動きから始める音楽体験――動きを使った大人のための音楽療法

私達が子どもにセラピーを行う場合、年齢段階、つまり生命の流れの中で成長と開花を生み出す発達過程を基本としています。これは発達に障がいのある子どもの場合でも同じです。このような子どもも達にも成長していく力が存在しています。治療を行うときにはそのことを利用出来ます。[*19]

しかし大人の場合は、もう同じ方法は通用しません。大人も発達の流れの中にありますが、子どもの場合のように自然と発達が完成に向かうことはありません。大人としての本人の個性が強く関わってきます。そしてこの個性（自我）が病気のために、肉体や精神の中に十分に統合出来なかった場合は、偏りや硬直が生じ、それ以上の発育を阻害することがあります。このような場合、私達の治療課題は、自我が働く可能性を広げるために、再び、出来るだけ生命の流れを引き起こすことです。

子どもの場合と同じように、大人でも「動きの要素」に働きかけ、動きを抑えることで音楽的響きが体験出来るようにします。こうすれば、魂が広がる新たな可能性が生まれ、魂が個性の道具となり、個性が生命現象にもっと影響与えるようになるかもしれません。しかしこの過程は、子どもの場合よりも、かなり意識的に扱われなければなりません。音楽を使って治療過程を進めたいのならば、音を体験するのは耳だけではなく人間全体であることを忘れてはなりません。ルドルフ・シュタイナーは『音楽の本質と人間の音体験』という本の中で、音楽は抑制された動きであると述べています。この表現は、私達のセラピーのエッセンスです。これは絶対的な教義ではなく、経験を集めて、その経験をこれに照らし合わせて判断するための原点なのです。

簡単な例を使って、どのような音楽の演奏でも、純粋な響きを作り出すために、動きをある程度抑える必要があることを説明しましょう。騒いでいる子ども達がいるクラスで、何の準備もなく楽器を与えると、間違いなく騒音しか出さないでしょう。彼らの動きは、うれしさでいっぱいであるかもしれませんが、コントロールされていません。太鼓を一回叩くときですら、抑制する必要があります。歌うことも同様です。自然に備わっている、あるいは練習して身につけた声をコントロールする感覚がなければ、歌う人のグループから聞こえてくるのは、音楽というより叫びになってしまいます。これは、十分に抑制されていないからです。彼らは空間をコントロールするのではなく、圧倒してしまいます。外へ向いている動きを押さえることで、内面的な体験が生まれます。そして、抑制出来る程度や幅が豊富になればなるほど、魂は音楽の中で自己表現出来るようになります。強く外に向かっている響きは、静かな音ほどは内面的に集中していないのです。そして、多くの可能性が波のようにうち寄せることこそが、音楽の本質を決めるのです。

前にも述べたように、耳の中に平衡器官があり、そのおかげで私達は方角を把握することが出来て空間の位置がわかります。空間を意識的に把握する能力は、人間が音を意識的に把握する以前から存在していました。後になって、空間と音の体験は混ざり始めましたが、これは耳の構造にも現れています。耳で聞こえるすべては、時間と結びついて空間に現れます。

しかし、私達は、周囲にある空間だけではなく、身体の中にある空間とも関わっています。身体全体が響きや音を把握し、共振し、反射しますが、それらを意識するのは耳だけです。前にも触れたように、楽器というものは、昔から、私達の身体、頭の内部、胴、手足と代謝部をイメージして作られました。音の高さについても同じことが言えます。低い音で私達の代謝に由来するものが表現され、高い音は頭の諸力を表し、中間音は胸部の流れを表現します。

同様に、拍子、リズム、和声、メロディーという音楽要素も、私達の身体の空間を直接表現しています。この、それぞれ三つに分けられる三構成については、以前に述べました（55ページ参照）。

これから説明する方法をよく理解していただくためには、音楽の要素が人間の体内でも体外でも透過していることを、空間と時間との正しい関連の中で体験出来ることが不可欠です。私達の身体全体は、常に、呼吸している大きなプロセスの中で、まわりの世界と関わっています。私達は、大宇宙に包まれているのと同時に身体は内面の空間を囲んでいます。この両空間の中で、互いに密接な関係にある大きなリズムのプロセスと小さなリズムのプロセスが進行しています。これは抽象的な意味ではなく、造形的な現実なのです。私達は、ある時刻に、ある空間にいます。いつどこにいるかは、例えば誰かとの約束や、守るべきスケジュールによって決まります。時刻は、そのときの太陽の位置を示します。これは季節や現在地の緯度によって変わります。太陽がさらに昇って行くのか、一番高いところにいるのか、あるいは沈んで行くのかが、私達にはわかります。あるいは、太陽の光が全然入らない部屋にいることもあります。太陽の光は射しているのに、雲に隠されている状態、あるいは太陽が沈んで真っ暗になっているのかもしれません。

私達は普段の生活で、陽が射しているかどうか、天気が良いか雨が降っているかぐらいしか気にしていません。それでも人間として、太陽と太陽によって作り出される宇宙のリズムに完全に左右されているのです。昼と夜、季節、気候、潮の変化、これらすべては宇宙のリズムがもたらす結果です。私達の肉体のリズム、呼吸、脈拍なども、この宇宙のリズムと関連して機能していますが、これは健常な場合だけです。健常であるということは、空間と時間とのバランスを常に新たに作り直すことを意味しています。そして空間も常に動いており、決して静止することはありません。

地球は太陽のまわりを回っているだけではなく、時と共に常に変化しています。風景が変わり、家でさえ次第に朽ち、最後には崩れて廃墟になってしまいます。大変ゆっくりですが、山や岩も変化します。人間の肉体、植物や動物の体も同じままではありません。成長、開花、成熟、老化の時期があり、最後に死が訪れます。このように「時間により空間」が変化し、「空間により時間」が変化し続ける中で、私達の自我は、自分の道を見つけなければなりません。そのために肉体と魂を使いますが、これもまた、常に変化しているものです。つまり、バランスを求める過程が常に進行しています。健常な幼児なら、喜んでこの過程に入ります。子どもにとっては、地上の探検旅行のようなもので、絶えず新しいことを発見出来ます。もちろんがっかりすることもありますが、新しい冒険が始まると、がっかりしたことなどすぐに忘れてしまいます。子どもは、みつけるものすべてで遊び、空間の中で動き、空間を発見します。そしてこの空間を扱うために自分に可能なことと不可能なこともわかってきます。歌や叫ぶことで、空間の音響的特徴も発見します。他の子ども達と遊ぶことで、自分の身体能力もよくわかるようになります。輪になって遊んだり、ボール遊びをしたりしながら、他人との関係の中で自分のリズム的な要素を実感します。これは後の人生で、社会的な関係の基盤になることが出来ます。動きたいという衝動は、後に、いろいろな形に変化していきます。子どもは読み書きを学びます。はじめは、とても大きな文字を書いたり、描いたりします。通常、子どもは書くときの大きな動きがうれしいだけで、結果はそれほど大切ではありません。知性が徐々に目覚めると、文字は小さくなり、書かれたことの意味が大切になってきます。しかし、もし大きな文字を書いたり、描いたりする喜びを味わうことが出来なかったら、子どもはあまりにも早く抽象性に、偏った知性に入ってしまいます。すると、後の人生で自分の個性を十分に発達させる可能性が少なくなってしまいます。大人であるのに、なんらかの理由で、自らの本質を活動によって表現出来ない人がいます。あるいは、周囲の世界への関心が全般的に欠けている人や、いつも、この世界から跳ね返されていると感じている人もいます。そして彼らが動くことに喜びを感じない、あるいは感じなくなっている、または身体的な障害がある、あるいは臓器に由来する偏った傾向によって動きのパターンが支配されているような状況に於いて、もし音楽が役立つようだとわかったなら、私達は「動きの要素」に呼びかけるべきです。例えば誰かが近づいてくるとき、この「動きの要素」に出会います。早く、またはゆっくりと、重い、あるいは軽い足どりで、安定した、あるいは不安定な歩き方で、右・左、右・左と足を運んでいます。二本の空間を歩いている人間なら誰の動きでも、動きに合わせてメロディーを歌うことが出来ます。

足で歩いているので、メロディーの拍子も二つの部分からなります。

そして、私達が関わっている人が空間の中にいます。空間の六方向の中で、自分の肉体的空間も持ちながら立ち止まり、呼吸しています。これがとりあえず私達が仕事を始める条件です。人間が空間に立って、全宇宙とつながって呼吸し、時間の流れに包まれています。

右と左

私達は、立って患者と向き合って、その手をしっかりと握っています。患者は、私達に対して鏡に映っている姿のように、右から左へと呼吸のリズムに合わせて揺れます。膝はどちらかしか曲げず、足は少し開いて、また、床から離れないようにします。この動きは、中央部、つまり呼吸の領域で体験します。人間の右側は、活動的で外に向いている側なので、いつも右側に小さいアクセントをつけます。この動きは、音楽の面では、歌やハミングや楽器で演奏されたメロディーで伴奏します。八分の六拍子の音楽を用いれば、四分の二拍子より自由度が大きくなります。動いている人自身は歌を歌いません（前述の子どものグループとは違います）。

この練習は、グループで行うことも出来ます。その場合は、輪になって、みんなが手をつなぎます。注意しなければならないのは、四分の二拍子や八分の六拍子の第一拍で、みんなが右へと動くようにすることです。それは、右・左と関連して、重い―軽い、強拍―弱拍がはっきりと感じられるようになるためです。すべてを呼吸のリズムに合わせます。場合によっては、全体を自由な体験とするために、グループで、みんながいっしょに歌い、あるいは、ハミングをするのも良いでしょう。この練習をしばらく続けると、呼吸のおかげで一体感が生じます。こうして、呼吸も規則的になります。いうまでもありませんが、緊張をゆるめようとして、直接、呼吸に影響を与えてはいけません。影響を与えたい場合は、動きを通してのみにします。代謝と手足の領域では、右―左を体験させるのに、スケートをする大きな動きが効果的です。同じく八分の六拍子ですが、より生き生きとしながらも、早くなったり、大きい音になったりしないように気を付けます。この練習は二人で、手を交差してつないで行います。こうすれば、呼吸のリズムが足まで感じられます。

相手が左利きの場合でも、右―左のすべての練習で、右側を少し強調します。ルドルフ・シュタイナーは、一九二三年にシュトゥットガルトで開かれた教育者の会合で、左手と右手の使い方を取りあげています。そのとき、左利きは左脳の弱さに由来すると話しています。多くの場合、その原因は、本人が前の人生で自分に対してあまりにも厳しいことを求めて、肉体的にだけではなく、精神的、知的にも酷使したためである、と言っています。そのため、代わりに右脳がその仕事を引き受けていますので、左利きになります。そして弱い左脳をより強くするのが今後の課題です。小さい子どもなら、右手で書き、描けるようになることもよくありますが、強制することは禁物です。相手が大人なら、書くことや肉体的な仕事について、もう変えることは出来ませんが、運動練習をするときなら、普通の右・左の両方を教えるべきです。楽器の演奏でも、右腕ではなく左腕（例えば弦楽器やギターで）を使わざるを得ないケースはまれです。ともかく、運動練習では、右―左、重い―軽い、強拍―弱拍から始めます。これは左利きの人の左脳を強くしますし、次の地上での人生の弱点に対しても効果的であるかもしれない、とルドルフ・シュタイナーは前述の講演で説明しています。その説明では、現代人の肉体の内部組織が、右利きであるように作られている、という考えを前提にしています。遠い未来には、両手で多くのことを出来るようになるでしょう。しかし現代ではまだ、子ども達に両手を平等に使うことは教えないように、と警告しています。

その他に、左側も右側も発達しているという人もいます、例えば利き足は左で、手は右利き、またはその逆の人です。このような人は、空間の方向性、あるいは運動能力に問題があることがよくあります。従って、前述の練習が彼らのためにもなるかもしれません。

上と下

上と下を体験することは、腕を伸ばしたままで、部屋を手探りで調べることから始めます。天井を触りたい、太陽や月すら手で触れたい、という気持ちを起こさなければなりません。宇宙の遠いところへの憧れが生じてきます。私達がいる空間は閉じている部屋であるにも関わらず、宇宙と一体になった気持ちを持つことが出来ます。私達の足は地面に着いていますが、私達の別の部分は、太陽や月や星の世界とつながることが出来るのです。この練習をするときには、治療者は高い音で演奏したり歌ったりします。次に、私達の足の下にあるすべてのものとのつながりをつくるようにします。しゃがんで床に触れます。そのとき、私達の下にある深いところ、燃えている地球の中心にまで届く感じにならなければなりません。この動きは、低い音で伴奏します。

その次は、立ったまま、高いところと低いところの間で腕を動かします。この動きはやや大きな音程で伴奏します。正確な音程である必要はなく、上と下との間で大きな動きをして、肉体的な体験をすることで、空間の方向性を意識するようになります。高い音は頭の領域、低い音は足、そしてその間の音は心臓に属します。ここでも、呼吸のリズムを使いますが、四分の二拍子に限ります。呼吸を頭から足まで感じるようにします。

前と後ろ

腕を延ばしたまま、前に歩きます。手で部屋を探ります。そしてゆっくり後ろに歩き、手を下ろして、出来るだけ後ろを触ってみます。

音楽的には上昇する長調の音階で表現し、下がるときには長調の鏡型である下降音階、つまり下がるフリギア旋法（巻末譜例集を参照）で表すことが出来ます。常に腕も、その動きに合わせて動かします。前に行くときは前に、後ろに行くときは後ろに向けます。ここから強弱の練習に移ることが出来ます。だんだん強く、早くなる上昇音階のときは前に向かって走り、だんだんゆっくりと弱くなる下降音階のときは、ゆっくりと後ろに動きます。私達の動きは音楽に合わせます。次に、一、二、三歩を前に行ったり後ろに行ったりする動きに移ることが出来ます。腕はいつも動く方向と同じ方に出します。ブランコに立っているような感じです。音階の練習の場合と同じように、前後と上下を同時に体験します。この練習は、音楽では大きな音程で表現します。

内と外

最後は、内と外の体験もあります。これはデクレッシェンドとクレッシェンドで音楽的に表現します。デクレッシェンドはクレッシェンドより内面的に強く感じられるものです。手を胸の前で組み、クレッシェンドのときに腕を延ばしながら手を上にあげます。デクレッシェンドのときは、逆の動きをします。

内巻きと、外巻きの渦巻きも、内と外を体験させるのに使うことが出来ます。内巻きのときには、歩く道はだんだん小さくなり、前の練習と同じように、手は胸の前に組みます。外巻きのときには、歩幅が大きくなり、腕を徐々に、放射状になるまでのばします。音楽は、音程を小さくしたり大きくしたりすることと、デクレッシェンドとクレッシェンドで表現します。

内と外、前と後を同時に体験させてくれる練習のひとつは「大車輪」（91）の練習です。ゆっくりと前へ進みながら、両手を使って、想像上の大きな車輪を前へと転がします。逆の場合は車輪が私達のところへと転がってくるので、後ろへさがりながら、腕も後ろ向きに動かします。どちらの場合も、腕は「車輪」に合わせて回します。ここでも伴奏したり、即興演奏したり、歌を歌ったりします。

リズムと拍子

ここまでの練習で、空間の方向性、内と外の体験、そして呼吸を関連づけるようにしましたが、次にいろいろな形の韻律へ進みます。六歩格を例としてみてみましょう。この韻律は古代ギリシャに由来するもので、呼吸のリズムを基本としていますが、心拍も韻律にあわせて短い音で鳴ります。
長短々長短々長短々　休み（――：――：――：休）長短々長短々長短々　休み（――：――：――：　休）
その後、他の韻律形にも移ってみます、例えば、
短々長短々長（：――：――）や、短長短長（・――・――）など。
だんだんスピードをあげて、呼吸のリズムから離れることも出来ます。短い音のときには腕を胸の前で組み、長い音のときには腕を伸ばします。このリズムに合わせて歩くのも良いでしょう。

そして拍子に移っていきますが、ここでは、動きを整える（同時に抑える）ことによって、さらに集中度を増すことになります。しばらくの間は練習として、両腕は（セラピストに対して鏡に映ったときのような動き）大きな動きで拍子を示しますが、少しずつ動きを小さくしていきます。前にも述べた強拍と弱拍の対比は、例えば三分の二拍子や四分の三拍子や八分の六拍子といった、いろいろな種類の拍子においてはっきりと表わされます。強拍はいつも、下に振る動きで表します。拍子が正確であれば、拍は、いつもギリギリ最後の瞬間に振り下ろされます。遅れてはいけませんが、決して早過ぎないようにします。ここでもまた、動きを抑えます。拍子にあわせて歩くことも出来ます。

この後で、場合によっては、付点のリズムや三連符を練習して、メロディーのリズムと拍子を正確に、抑制した動きで表現出来るようにします。動きをさらに洗練させることが出来れば、音の強弱を表すことも出来ます。つまり、大きい音では動きも大きくして、小さい音では動きも小さく、しかも集中した動きになります。

音の高さ

次に、腕を軽く曲げて手と同じ高さに保ちながら、メロディーの音の高さを練習します。絶対音的な高さではなく、長三度には、短二度より大きな動きが必要となりますが、オクターブには三度よりさらに大きな動きが要求される、といったように、相対的な高さを表現することを目指します。前に説明した、上と下を練習するときの大きな動きに比べて、ここでもまた、動きを抑えて集中した動きにします。

メロディー

動きによっていくつかのメロディーの要素を表現した後に、動きながら歌をハミングする、あるいは歌うことを試みます。そのときに、順番に音の高さ、リズム、あるいは拍子が示されます。歌やハミングがある程度出来るようになったら、みんなが歌いながら自分の好きなように動いて、メロディーの一部であることを感じます。これは本格的なグループ行動で、各グループによって反応は違うでしょう。

しばらくの間は、正確であるかどうかは気にしないようにします。参加者が、音楽によってある種の恍惚状態になることを目指します。こうすれば、メロディーというものが、学習したある部分によって出来あがっているものではなく、自分の一部になり、メロディーの中で自分の魂を表現出来るようになります。少し混乱した状態になるでしょうが、セラピストは、歌いながら、あるいは楽器を弾きながら、徹底的にメロディーと取り組まなければなりません。ですから、適切な歌を選ぶべきであることはいうまでもありません。ロシア民謡やバルカン地方の民謡の中に、この練習にとても向いているものがあります。

そのグループにとって望ましいと考えられる場合には、歌と動きという組み合わせをもうしばらく、即興演奏も使いながら進めることが出来ます。

参加者が（ほぼ自由に）本格的な音楽体験をすることが出来たなら、他の動きを用いて歌を発見することが出来るようになります。動機、前楽節・後楽節、弱起（アウフタクト）や、男性終止・女性終止などを、歌いながら動いて練習するのです。こうしてある種の新しいフォークダンスの原型が出来あがります。

最後に、この歌を声に出して歌うようにしますが、今度は外面的な動きをせずに、しかし、同じように集中しながら内面的に体験します。響きは、自らの表現の可能性によって説得力のあるものとなります。音の高さが正確であるかどうかは、ここではあまり大切なことではありません。決まった周波数の音を出すことを強制されておらず、音楽的な表現力がある声だからこそ、とてもきれいな響きが発生することがあります。そして静けさの中で歌に耳を澄ますと、歌が私達の一部分になったことがわかります。

こうして当面の最終目標に達しました。空間の中で大きな動きをすることからスタートして、動きをだんだん小さく正確にすることを経て、内面的な音楽体験に至ることが出来ました。そして新たな可能性が登場します。

緊張を解くための練習

ここまで説明した動きの流れについて、次のことを付け加えたいと思います。動きの練習を始めたときでも、その後でも、緊張によってさまざまな妨げが起こる可能性があります。それは、精神的な緊張でも、肉体的な緊張でもありえます。緊張し過ぎたままで前述の練習を行うと、本来の目的を果たすことが出来なくなってしまいます。そのようなときには、緊張を穏和する練習を取り入れる必要があります。

最初の練習のひとつは部屋の中で前や後ろに歩くことです（呼吸のリズムに合わせて歩きます）。セラピストは、小さな声でハミングし、患者の手を交差して持ちます。簡単に思えるかもしれませんが、精神的あるいは肉体的に緊張した人が、本当にリラックスするまでには、数週間、もしく数か月間、あるいはもっと長くかかることもあります。呼吸が落ち着いてくることが大事で、息がはずんでいてはいけません。口は閉じて、患者は、歩くリズム、ハミングしているメロディー、少し暗くしている部屋に、完全に自分をゆだねていなければなりません。特に、完全にリラックスして後に進むことはとても難しいという人は多いものです。見渡すことの出来ない、自分の後ろにある空間への信頼を生み出さなければなりません。

O君の場合、不可能とは言わないまでも、これらすべてがとても困難に思えました。彼自身もやりたがりませんでした。私達の施設に入って来たときも、叫んだり跳ねたりしていて、体験入所の一週間もずっと叫んでいました。彼の可能性を強く信じているソーシャルワーカーがいなければ、私達はセラピーを始めなかったかもしれません。体験入所の一週間が終わったあと、このソーシャルワーカーが何度も私達のところへ電話してきたので、私達もやってみることにしました。施設の生活に少し慣れてから、私が彼のセラピーを開始しました。彼の叫び声とジャンプする動きが、一種の「言葉」であることは明らかでした。自閉症的な強迫行動を除けば、彼はとても優しい青年でした。ソーシャルワーカーが、なぜこんなにも温かく彼のためにがんばっていたのか、だんだんとわかってきました。

しかし彼の場合、何としても、もう少し自分をまわりに合わせる必要がありました。式典やお祭りの最中に突然、思いがけないときに、わめいたり叫んだりすることがあったからです。一年以上、私は週に三~四回、午前中に彼のセラピーを行いました。朝早く、初めは十分程度で、後には少し長くなりました。最初は呼吸に合わせて前後に歩いたりするだけでした。と言っても、これは私がしようとしていたにすぎず、彼がそれに応じることはありませんでした。この練習中に、叫び声は荒い鼻息やハーハーという声に変わっていきました。彼の内臓や腸などがゴボゴボと音を立て、彼から発せられる臭いは心地良いものではありませんでした。まるで、鼻を鳴らしたり暴れたりする野生の馬を飼い馴らすように思えました。おまけに、彼は私より随分背が高かったのです。彼とのセラピーは、ある意味でスポーツをしているようなものでした。内面的に落ち着かない限り、彼がさらに発達していくことは不可能だとわかりました。当時の彼は、耳を傾けたり何かを受け入れたりすることが出来ませんでした。

少しずつ練習の成果が見えてきて、落ち着くまでに要する時間が短くなってきました。もっと後になると、数分間で落ち着くようになり、続く二十分の間、薄暗くした部屋で、私がハミングしたり歌を歌ったりしながらリラックスする練習が出来るようになりました。しかし彼は、部屋を出るときには、毎回、毒グモにでも刺されたかのように、再び叫びながら跳んだり跳ねたりして出ていきました。ですから、セラピーの次の目的は、彼が落ち着いたままで部屋を出られるようにすることでした。しばらくすると、これも出来るようになりました。

その後、彼は、完璧ではありませんが、打楽器のグループでいっしょに演奏出来るほどになりました。リズムを演奏する能力はありましたが、自分の苛立ちにではなく、集中して周囲に対して反応することに、いつでも大きな努力が必要でした。さらに後になってライアーを弾き始めたときにも、彼は、緊張せずに、自分が作り出した空間に響きわたる音に身を任せるようにと、常に努力しなければなりませんでした。そうしながら、時には回りの人が「熱狂」と呼んだ失敗もありましたが、日常生活でも仕事でも落ち着いてきました。今では随分と話が聞けるようになって、自分の内面的なことも少しわかるようになりました。

彼のような人にとって、臓器に由来する破壊的で苛立ちを起こす潜在的な影響力に対して、独自の生命のリズムを強くするために、音楽は生涯手放せない助けなのです。

リラックスするための次の練習は、腕を前に伸ばし、それから力を抜いて、腕を下に落とすことです。肩、足、腰といった体全体の力を抜きます。重力だけで揺れる腕に合わせて、上半身も揺らします。

アテトーゼのあるBさんにとって、リラックスするための練習は常に難しい練習でした。彼女には不随意運動がありました。どんなに小さい動きでも練習しないと出来なかったのです。彼女がとても前向きな人間でなければ、何も出来るようにならなかったことでしょう。しかし、彼女には強い意志があり、繰り返し同じ練習を、感激するほどの熱心さで行いました。こうして彼女は、他人には大きなことには見えないけれども彼女にとっては生きるために重要な能力を、自分のものにしました。何年間も熱心に練習して、後ろに進む動きもマスターしました。彼女にとって、自分の後ろにあるものすべてが暗く大きな恐ろしい穴でした。その気持ちは彼女の進み方を見るとよくわかりました。歩きながら、細い綱を渡っているようで、綱渡りそっくりだったのです。外で大きな音がすると、ビクッとし、集中力が途切れました。

リラックスする練習を何度も繰り返した後、私達はボーデンライアーを弾くことを始めました。音をしっかり弾きながらも流れるようなリズムから始めました。タッチがある程度規制正しくなるには、とても時間がかかりましたし、自力で各種の拍子を弾けるようにはなりませんでした。さまざまな拍子を弾くには、手助けが必要でしたが、彼女はこれらすべてを、とても強く感じ取っていました。次に、アルミのシロフォンを叩いてみました。今では音階をほぼ均等に鳴らせるようになり、現在は簡単な歌を演奏しています。本当に自分で出来るようになるまでには、まだまだ時間がかかるでしょうが、幸いにも、彼女には時間も忍耐力もあります。

彼女にとっても、音楽は魂を豊かにするだけのものではありません。強い意志が宿っているものの、緊張して硬直する体の中に生命の流れを起こし、流れ続けさせるための手段でもあります。動きの流れを少しコントロール出来るようになったおかげで、織物工房で働ける可能性も少しずつ大きくなってきました。

その他にも、リラックスするために、もっと強く体全体を使う練習があります。「酔っ払い」と呼ばれる練習です。今度は腕だけではなく体全体を地面に向かって倒れかからせて、最後の瞬間に倒れるのをくい止めます。そのときに、足も移動させなければなりません。この練習を行うときは、水で泳いでいる魚のような気分になって欲しいのです。どの方向に体を倒しても良いのですが、最後に自分でバランスを取り戻すことが大切です。この練習をしている間、ずっと音楽的な刺激を加えます。この練習は、Dさんという自閉的強迫行動があり、よく強い緊張に苦しんでいた若い男性のために作られました。彼は知的にも音楽的にもいろいろな能力があったのに、不安や緊張のせいで、それを十分に利用出来なかったのです。その上、音に対して過敏で、大きな音が聞こえるたびにビクッとして、そして激怒し、例えば窓ガラスを割ったりしました。ですからしばらくの間、いつでも耳栓をして生活していたのですが、耳栓をしていても何かが聞こえることにとても失望していました。

彼も長期間、力を抜く練習をし続けましたが、自分自身から解放されるために、何か別のものが必要でした。普段、彼は非常にまじめで「酔っ払い」の練習をすると、緊張がやわらぎ、笑うことすらありました。左右に揺れる練習でも、彼を笑わせたり落ち着かせたりすることが出来ました。

彼の場合は、三十分間連続して練習することが出来ましたが、やはり時間を適当に区切ることが大切でした。リラックス練習の後、特定の音質から始まって音楽を聞きました。後になって、自分からボーデンライアーとシロフォンを弾くようになり、音楽的才能を見せてくれました。音に対する恐怖心がかなり減り、耳栓をなくした後では、耳栓のことはすっかり忘れてしまったようでした。

場合によっては、足の裏に対して、地上でどのような課題を克服しなければならないかを、より強く意識させる必要があります。これは特に、つま先立って歩く傾向のある人や、床に穴をあけるようにドシンドシンと歩く人に当てはまります。このような人達は、足で「地面をそっと触る」ことが出来ません。そして足があまりにも外側あるいは内側にねじれていたりします。

私達は椅子に坐ったまま、靴を脱いでリズムの練習をします。足を踵から指まで、次に逆方向にグルッと地面で転がします。両足を同じ方向に、あるいは対称形に、まずゆっくりと、そしてだんだん早く動かします。これも呼吸のリズムに合わせて、静かにハミングしながらします。動きが速くなればなるほど、音も大きくします。手は膝においたままで、足といっしょに動かすことも出来ます。このとき、打楽器演奏の準備としていろいろなリズムを取り入れることも出来ます。

声楽的手法

動きの練習を基にして、歌を歌い始めた時点から、意識的に声楽的手法を使って歌の練習を進めることも出来ます。ワルボルグ・ウェルベック・スワードストロームは、ルドルフ・シュタイナーの指示を基にして、人間の声の解放についての本「声の自由化のための方法」[*20]を書きました。

コロイの楽器と前述の声の自由化の方法は、前にも述べたように、共に物質を透過させるようにすることを目指します。前者は楽器の独特な設計によって、後者は、歌うときに使う臓器や器官の緊張を取ることによって、しかも人間の身体全体から始めます。両者ともその結果、響き（楽器でも声でも）はあまり物質的でなくなり、どの音の背後にも存在している聞こえないエーテル的な音のために、さらに響きの透過性が増します。こうして、歌声はより楽器に近づき、楽器を歌わせることが出来るようになります。この声楽的手法の中には、セラピーに使えることがたくさん含まれていますが、本書の中では書き切れないので、これ以上触れることはしません。

耳で聞こえない音

音のオイリュトミー（ルドルフ・シュタイナーの指導によって出来あがった動きの芸術）は、音楽を聞いているときのエーテル体の動きを、物質的な動きによって表現するので、聞こえない音を基にしています。遠い未来では、音が聞こえなくても音のオイリュトミーを響かせることを目指すようになるでしょう。

前述の動きの練習は、内面的な変化（抑えること）によって楽器を演奏する動きに移ることが目的です。こうして、人間の中に聞こえる音に到達する可能性が目覚めます。たとえ聞こえる音の一つひとつの背後に、聞こえないエーテル的な音が存在しているとしても、これは地上的なものを響かせようとする一つの方法なのです。この聞こえない、内面で把握する音がなければ、音楽はありえず、ただの騒音でしかないのです。

楽器演奏の準備練習

動きの練習から楽器の演奏に移ろうとする場合、空間の中の動きから楽器の扱いに移るための橋渡しとなる、いろいろな練習を加えることが出来ます。例えば棒を使った練習やボール遊びなどが出来ます。銅棒を使うと、以前に説明した練習をより正確なやり方で行うことも出来ます。

その他の音楽的な準備練習

ここまでの練習で、物（棒、ボールなど）を空間の中である程度器用に扱えるようになったので、簡単な楽器の演奏を始めることが出来ます。例えばシロフォンブロックやボーデンライアーを使います。まだ動きから始めますが、前の練習よりさらに動きを抑えます。みんなで輪になって立ち、シロフォンブロックを手にして揺らします。ある瞬間にブロックを打ち、続けて揺らします。こうすると、響きが空間に行き渡っていることがはっきりとわかります。

他にも、いろいろな方法があります。みんなが同時にブロックを打つ、あるいは順番に打つことも出来ます。この場合も、輪になって立っている順番で、あるいは質問と返事のような自由な形に誘ってみることが出来ます。

同じことはボーデンライアーを使っても出来ますが、この場合はまず、ライアーのタッチの練習を、右腕で円を描く動きから始めなければなりません。この動きは、自分から外に向けて、あるいは外から自分に向けてすることが出来ます。ここでも集団で行うさまざまな練習や形が考えられます。ボーデンライアーの響きは、とにかくきれいなものにしなければなりません。つまり動きが適度に抑えられコントロールされなければなりません。別の言い方をすると、耳と動きとの関連をはっきりとさせます。動きにはある程度の自由が残されていますが、先の動きの練習で行った、大きな動きを抑えるということを実際に使うのです。簡単な打楽器を使って、歩きながら楽器を演奏するためのいろいろな準備練習をすることも出来ます。歩くリズムが打楽器のリズムの助けとなるようにします。

楽器の演奏

ようやく楽器の演奏に移ると、動きが落ち着いてきます。この段階では、動きは楽器を響かせるためだけにあります。もう大きな動きではありません。動きは、時間が経つにつれて変化してきました。

空間の中で体験した大きな呼吸は、この段階になると、私達の腕や手の中に隠れ、この腕や手は、大きな呼吸を使って楽器を響かせなければなりません。腕がカモメの翼のように感じられなければなりません。翼が空間とのバランスを失ってしまうと、カモメは落下して死んでしまいます。楽器を演奏する人が、腕に内面的な空間を感じていなければ、音楽も死んでしまいます。

初めての本格的な楽器演奏の練習では、打楽器で私達の脈拍や心拍と関係しているリズムを打ちます。通常はグループでします。私達が、前に自由な大きな動きで、つまり出来るだけ肉体から離れて呼吸の領域を体験したのと同じように、今度は血液の流れのリズムを自由に体験するようにします。このようなことが、リズムの面でも響きの面でも出来るようになったら、本格的な音楽の演奏の道と、それに伴い人間としての新しい可能性の道が開けます。

受容的な療法

最後に受容的な療法について触れます。これは動きを用いた療法の延長とみなすことが出来ますし、場合によってはその代わりに用いることもあります。受容的な療法とは、音楽を聞くことです。いわば患者を長期間繰り返し音楽に入浴させるようなものです。

この療法では、まずある特定の音、あるいは音程を作る二つ、ないし三つの音から始めます。ひとつあるいは複数の音程の特質を使うことも出来ます。音や音程を使って、特定の内臓の働きに影響を与えるために、音や音程を使った響きや簡単なメロディーを使います。

音を通してある臓器に影響を与えたいと思う場合は、何をしようとしているかを、よく理解していなければなりません。つまり、治療担当の医師と話し合ってからセラピーを行うことが大切です。そして音質についても、音楽療法を行うセラピストは、ある程度の能力、技術、経験をとおして自分で作り出したものを持っていなければなりません。動きを使った療法や楽器を使った療法と違って、この聞くだけの療法では、直接修正されることがないからです。ひとつの練習方法として、例えば曜日に合わせて、その日の音をもとにしたメロディーを弾くのも良い方法です。その場合、メロディー全体が、その曜日の音の特性をもつようにします。火曜日のメロディーはドの特性、水曜日のものはレの特性、といった具合です。

これを患者の前で行うことは、同時に知覚の練習にもなります。患者が何に反応し、何を敬遠するかを把握しなければなりません。人間の臓器と音の関係を知るひとつの方法でもあります。患者がどの音やどの音程を好むのかがわかれば、次へ進むことが出来ます。自らの病状を反映しているからこの音程を好むのか、それとも病気の吸引力のせいなのか、あるいは治癒につながるので求めているのかを考えます。ベーラ・バルトークは、幼い頃、ピアノで二度を弾くことがとても好きでした。当時、彼は発疹に悩まされていましたが、後には治りました。長二度と短二度がもつ収縮力が、治療にどのような影響を与えたのでしょうか。彼は生涯、この二度に忠実であり、二度によって、全く新しい響きの領域に達しました。

一見、主観的に思われる症状や感覚の多くが、新しい客観的な可能性につながることがあります。

このような観点からすると、臓器の力が暴れたために精神疾患になった人が、未来への扉を開いてくれるのかもしれません。この未来への道が、その人自身の治療の道になるかどうかは、その人の意識の程度によります。ここで述べた大人のための音楽療法には、バリエーションが数多くあり、そのすべてをここで述べることは不可能です。そして患者も、最初から最後まで全員が同じ道を歩むわけではありませんし、順序も人によって異なるでしょう。治療を行うときにはいつも、その人の個人的な発達段階を起点にします。大人の場合こそ、個性豊かなさまざまな方法があるのです。

患者といっしょに、音楽的な状況に決定される客観的な道を歩んで行くと、遅かれ早かれ、その人の魂が自由になる瞬間に出会います。その自由は後の経過を決定します。だからと言って、必ずしもその後もずっと音楽を学び続けるとは限りません。特定の魂の力が自由になったおかげで、別の分野で全く新しい可能性が開くこともあります。

前述の方法では、音楽を外面的な芸術の一種としてみるのではなく、空間と時間の中で発達する、人間の魂の発育を聞こえるように表現したものとしてみています。場合によって、これがやはり芸術となることもあります。

あとがき

大人に音楽治療を行う場合でも、本書で説明した方法では、決して電子音を用いません。もちろんセラピーを受けている人は、自由時間に電子音を聞くことはあります。施設の生活では、ラジオやCDを聞く時間を減らす努力をしており、決まった時間にしか聞かないようにしています。つまり、仕事や食事やコーヒーブレークの間には聞かず、ある特定の夜にだけ聞くようにしているのです。音楽療法のセラピストとしては、自由時間に誰がどのような音楽を聞くのを好むのかを知ることは、興味深いことです。あまりにも興奮させる音楽は許されないでしょうが、それでも、以前に説明したような、陶酔状態にさせる音楽や民謡についての考え、また、ある特定の魂の表現を反映した音の領域の中での音楽についての考えについて、改めて思いを巡らす機会は十分にあるでしょう。

普通の人と同様、好みの音楽をCDで聞くのを楽しんだり、何かをするときに音楽が流れたりしているのが良いと思っている人もいます。しかし、機械から流れるどのような種類の音楽を聞いても、ゆらゆらする動きを伴った陶酔状態、あるいはそのような動きによって生じる陶酔状態に陥ってしまう人もいます。そのようなとき、彼らは自分を完全に外界から遮断してしまいます。本書で詳しく説明した病状の人の多くがそうです。この人達は、体質的に音楽とつながっているので、音楽を使って、かなりの部分を助けることが出来ます。彼らの問題は通常、感情の部分にあり、彼らの感情、あるいは感情の欠如を、まわりの人が理解するのは難しいのです（181ページのO君と184ページのDさんの例参照）。そして、音楽を聞く場合でも、私達にはなかなか理解出来ないほど音楽に没頭してしまうのです。多くの場合、このような人達は、民謡、バッハ、あるいはロマン派の音楽を非常に好みます。しかし、どのような音楽であっても、音楽を聞くときに、彼らはその音楽に支配されてしまい、自我が消えてしまったかのようになります。自閉症児や精神疾患の幼い子どもは、機械から発せられる音に、同じような反応を示すことがあります。例えば、掃除機の音や芝刈り機のモーターの音などに。このような人達は、年齢に関わらず、生涯、周囲のあらゆる音に対して、あまりにも無防備です。ある音を聞くことを拒否したり、調節して聞いたりといった、意識的な聞き方が十分に機能せず、彼らの身体はすべての音を吸収するのです。

本書で説明したセラピーは、治療のときに使う極めて優しくて小さい音を、動きを通して意識させることを目的としています。響きと人間の身体との関連を体験することによって、意識的に聞くことが出来るようになるのです。陶酔状態に陥る危険が殆どない楽器の演奏を聞かせることで、今までとは違う音楽の聞き方を育むことも出来ます。こうして、彼らを雲のように包んでいる、傷つき易くしている雰囲気に触れるだけではなく、大事なことは、彼らの生命現象や生命の流れに達するように試みることです。こうして、彼らの個性が、自らのリズムによって表現出来る可能性が増すのです。

神経科医で「レナードの朝」[*21]の著者であるオリバー・サックスは、以前にも述べたノヴァーリスの言葉「どのような病気も音楽的問題であり、どのような治癒も音楽的解決である」を出発点としています。この言葉をもとに、次のように書いています。「このことは文字どおり、そして感情の上でも、パーキンソン病の患者や、脳炎を患った後の患者にみることが出来ます。一歩も歩けないのに音楽に合わせて優雅に踊れる人や、一言もしゃべれないのに流暢に歌うことが出来る人がいます。書くときの心のメロディーを発見して音楽に合わせれば書くことの出来る人や、ボール遊びの出来る人もいます」

そして音楽を基礎として、音楽以外のこと、ひとりでは出来ない散歩を誰かといっしょにする力が生じます。サックスは、ある女性が散歩をする力を得た言葉を引用しています。「あなたが私といっしょに散歩してくれると、私の中に散歩に行ける力を感じます。あなたの力と自由を分けてもらえるのです。あなたの散歩する力、あなたの感性、あなたの存在を分けてもらえるのです。あなたは気づかずに、私に素晴らしいプレゼントを与えてくれているのです」

サックスはこの言葉から、人間の触れ合いが基本的に音楽的なもので、音楽によって触れ合いが生じると結論づけています。同じ患者は、また「私は音楽に共感するように、他の人に共感します。他人の動きや音楽そのものの動きに共感するのです。動きの感覚が私に伝わり、動きだけではなく、存在そのものも伝わってきます」と述べています。別の女性患者は、自分が「音楽を与えられていない」という表現をしています。彼女が再び動き出すためには、音楽が必要でした。

そして、サックスの本の中に、もうひとつ注目すべき箇所があるので、ここで引用したいと思います。「パーキンソン病の人を治療するときのコツは、介護者や友人が行っているように、ただそっと触れたり、あるいは、触ることも言葉をかけることもなく、二人が一種の直感的な共感を持って、いっしょに行動することであって、これはまさに芸術的です。このコツは、人間だけでなく、馬（！）や犬（！）でも出来ますが、機械には決して真似出来ません。これは、絶えず変化するメロディーのような、生き生きした演奏であって、相互作用であり、生き物を、本来の生き生きとした自己に呼び戻すことが出来るものなのです」

馬や犬についての言葉は別として、サックスはここで、私達が音楽療法から認識した、とても根本的なことを表現しています。サックスが記述した患者達は、神経の障がいのため運動能力が限られていますが、発病する前には、健常に発達していました。先に引用した女性の言葉が、それをよく証明しています。

私達が関わっている、運動に問題をもつ人達は、痙直型脳性麻痺や強迫神経症、軽度の運動能力の障がいがあったり、絶えず同じ動作を繰り返したりする運命を背負っています。私達が彼らと行う動きの練習は、私達が選んだ音楽的な要素によって、客観的性格を持っていますが、それでもその背後には、直感的共感、常に変化するメロディーのような、生き生きとした演奏が隠されています。サックスのまさに的確な表現を借りれば、それらを通して、患者を「本来の生き生きした存在」に呼び戻すことが出来ることを望んでいるのです。

電子音が人体にどのように影響するか、とりわけ、ある特定の病状に関してどのような影響を与えるか、という研究が行なわれれば、どのような場合に電子音を利用しで、どの場合には利用出来ないかという、一般的理解が成立するかもしれません。そうすれば、音楽療法の分野で使われている、さまざまな医学的教育的方法と医学的芸術的方法の間に、より活発な交流が行われるようになるでしょう。これらの方法はすべて、常に、人間の肉体、生命現象、感情および個性から出発しているのですから。

脚注

p.15　*1

Rudolf Steiner, Das Wesen des Musikalischen und das Tonerlebnis im Menschen, GA 283, Dornach 1989／ルドルフ・シュタイナー『音楽の本質と人間の音体験』西川隆範訳　イザラ書房 1993

p.25　ノヴァーリスの引用

Jede Krankheit kann man Seelenkrankheit nennen.
Jede Krankheit ist ein musikalisches Problem – die Heilung eine musikalische Auflösung.
あらゆる病は、魂の病と言える
どのような病も音楽的な問題であり、その治療は音楽的解決である

p.26　*2

Rudolf Steiner, Kunst im Lichte der Mysterienweisheit, GA 275, Vortrag vom 29. Dezember 1914／ルドルフ・シュタイナー『秘儀の叡智の光の中の芸術・全集 275』1914 年 12 月 29 日の講演

p.31　*3

Rudolf Steiner, Das Wesen des Musikalischen und das Tonerlebnis im Menschen, GA 283, Vortrag vom 26. November 1906／ルドルフ・シュタイナー『音楽の本質と人間の音体験』西川隆範訳　イザラ書房 1993

p.66　*4

Karl Gerbert, Das ABC der Stimmbildung, Stuttgart 1978
／カール・ゲルバート『発声の基本』シュトゥットガルト 1978

p.69　*5

Rudolf Steiner, Theosophie, GA 9, Dornach 1987
／ルドルフ・シュタイナー『神智学』高橋巖訳　ちくま学芸文庫 1987

p.69　*6

Rudolf Steiner, Die Erziehung des Kindes vom Gesichtspunkt der Geisteswissenschaft, Einzelausgabe, Dornach 1992／ルドルフ・シュタイナー『霊学の観点からの子どもの教育』松浦賢訳　イザラ書房 1999

p.72　*7

Rudolf Steiner, Heilpädagogischer Kurs, GA 317, Dornach 1995／ルドルフ・シュタイナー『治療教育講義』高橋巖訳　ちくま学芸文庫 2005

p.74　*8

Dr. Hans Asperger, Heilpädagogik, Wien/New York 1968
／ハンス・アスペルガー『治療教育学』平井信義訳　黎明書房 1973

p.77　*9

Rudolf Steiner, Kunst im Lichte der Mysterienweisheit, GA 275
／ルドルフ・シュタイナー『芸術と美学―人類の芸術的発展のための変容衝動１』西川隆範編訳　平河出版社 1987

p.83　*10

Rudolf Steiner, Menschenwerden, Weltenseele und Weltengeist – Erster Teil, GA 205／ルドルフ・シュタイナー『全集 205 第 1 巻』1921 年 7 月 1 日の講演

p.92　*11　記事が入っている雑誌（オランダ語）

Leo Kanner, Autistische stoornissen in affectief contact
(情緒的接触における自閉的障害), Engagement Speciaal 1989, 4 号

p.132　*12

Rudolf Steiner, Heilpädagogischer Kurs, GA 317, Vortrag vom 26. Juni 1924／ルドルフ・シュタイナー『治療教育講義』高橋巌訳　角川書店 1988

p.132　*13

Rudolf Steiner, Theosophie, GA 9, Kapitel: Das Wesen des Menschen
／ルドルフ・シュタイナー『神智学』高橋巌訳　ちくま学芸文庫 1987

p.133　*14

Rudolf Steiner, Kunst im Lichte der Mysterienweisheit, GA 275, Vortrag vom 29. Dezember 1914／ルドルフ・シュタイナー『秘儀の叡智の光の中の芸術・全集 275』1914 年 12 月 29 日の講演

p.133　*15

Rudolf Steiner, Das Wesen des Musikalischen und das Tonerlebnis im Menschen, GA 283／ルドルフ・シュタイナー『音楽の本質と人間の音体験』西川隆範訳　イザラ書房 1993

p.142　*16

Anny von Lange, Mensch, Musik und Kosmos, Schaffhausen 1985
／アニー・フォン・ランゲ『人間、音楽、宇宙』シャフハウゼン 1985

p.144　*17

Siehe unter anderem: Wilhelm Pelikan, Sieben Metalle, Dornach 1981
／ウィルヘルム・ペリカン『七つの金属』ドルナッハ 1981 他参照

p.157　*18

Siehe Rudolf Steiner, Der Mensch als Zusammenklang des schaffenden, bildenden und gestaltenden Weltenwortes, GA 230 ／ルドルフ・シュタイナー『造成、造形と成形する世界言葉の調和としての人間』全集 230

p.168　*19

Bernard Lievegoed, Entwicklungsphasen des Kindes, Stuttgart 1986 ／ベルナルト・リーベフット『子どもの発達段階』シュトゥットガルト 1986

p.186　*20

Valborg Werbeck-Swärdström, Die Schule der Stimmentwicklung, Dornach 1994 ／ワルボルグ・ウェルベク・スワードストローム『声の自由化のための方法』ドルナッハ 1994

p.193　*21

Oliver Sacks, Awakenings – Zeit des Erwachens, Reinbek 1991
／オリバー・サックス『レナードの朝』春日井晶子訳　早川書房 2000

音楽用語解説

p.28　トルバドゥール　中世の南フランスの詩人兼音楽家の総称。その活動は10世紀ごろからあらわれ、12世紀中ごろに全盛期をむかえ、13世紀中ごろ急速におとろえた。高貴な女性への思慕、聖母への賛歌、十字軍のことなどを世俗的な単旋律歌曲の形で歌った。

p.28　単旋律　一つの声部のみからなる音楽

p.28　グレゴリオ聖歌　ローマ・カトリック教会で歌われる無伴奏の単旋律聖歌。

p.28　リュート　撥弦楽器の一種。ギターのような形だが、胴体の背面が丸く隆起している。16世紀に最も広く愛好された。

p.28　ミンネゼンガー　中世ドイツの詩人兼音楽家の総称。トルバドゥールの影響の下、12世紀に登場した。恋愛の歌を中心にいろいろなテーマがあり、音楽は単旋律で、教会旋法にしたがったものが多い。

p.28　ソナタ　ルネサンス時代に、種々の型の器楽曲に対して徐々にこの名称が使われるようになったが、17世紀後半には、緩—急—緩—急の4楽章からなる教会ソナタと、前奏曲と一連の舞曲からなる室内ソナタとが確立され、18世紀に入り、両ソナタの融合がはかられた。

p.28　シンフォニア　イタリア語で交響曲を意味する。バロック時代には、オペラや管弦楽組曲などの冒頭で奏される、一定の形式や様式をもたない導入的性格の器楽曲に用いられた名称。

p.28　五度　２つの音の間にある音を、その音も含めて音階上の音で数えて５つになる場合。例えばドとソ（ドレミファソ）。

p.28　四度　２つの音の間にある音を、その音も含めて音階上の音で数えて４つになる場合。例えばドとファ（ドレミファ）。

p.28　八度　オクターブと同じ。２つの音の間にある音を、その音も含めて音階上の音で数えて８つになる場合。例えばドとその上のド（ドレミファソラシド）。

p.32　全音音階　半音階の音をひとつおきにとってオクターブを６個の全音に分けた音階。ドで始めるとレミの次はファではなく、ファ#、ソ#、ラ#、となる。ラ#の次はド。半音ずらすとド#、レ#、ファ、ソ、ラ、シとなる。根音をどれに持ってきてもこの２種類しか存在しない。（譜例集 p.247 参照）

p.32　十二音音楽　十二音技法による音楽。

p.40　フラジオレット　ここでは、倍音の原理を利用して得られる弦楽器の高音の意味。弦を正確に分割して、その上を指で軽く押さえ、弓で軽く弾く特殊な奏法。音は非常に高く、音色は透明である。

p.42　ペンタトニック（五音音階）　５つの音からなる音階。各国の民謡にはペンタトニックを使ったものが多いが、音の配列は一様ではない。譜例集 p.247 参照。

p.48　三和音　ある音の上に三度と五度をなす音を重ねた和音。例えば、ドを根音とする長三和音は、ドミソである。

p.48　基音　ここでは、音階の基本となる音。例えばハ長調のハ。

p.51　三度　２つの音の間にある音を、その音も含めて音階上の音で数えて３つになる場合。例えばドとミ（ドレミ）。

p.51　七の和音　三和音の上にさらに根音から７度上の音を積み重ねた和音。

p.51　反進行（反行）　２つの声部が相反する方向へ進行すること。１つの声部が高い方に進むと、別の声部は低い方へ進む。

p.67　オクターブ　８度と同じ。２つの音の間にある音を、その音も含めて音階上の音で数えて８つになる場合。例えばドとその上のド（ドレミファソラシド）。

p.67　三度の平行　メロディーに対して常に三度の音程でもう一つのメロディーを奏でること。

p.85　二度　音階上隣り合う２つの音の音程。例えばドとレ（ドレ）。

p.85　七度　２つの音の間にある音を、その音も含めて音階上の音で数えて７つになる場合。例えばドとシ（ドレミファソラシ）。

p.85　増四度　２つの音の間に半音が５つある場合、完全四度と呼ぶが（例えばドとファ）、それよりも半音多い音程を増四度という（例えばドとファ♯）。

p115　ポルタメント　滑らかに徐々に音程を変えながら、ある音から別の音に移る演奏技法。

p.115　グリッサンド　隙間なく滑るように急速に音階を奏すること。

p.147　長六度　２つの音の間にある音を、その音も含めて音階上の音で数えて６つになる場合が６度で、２つの音の間に半音が９つの時、長６度と呼ぶ。

p.147　短二度　隣り合う１つの半音の音程（例えばドとレ♭）。

p.105　短七度　七度のうち、２つの音の間に半音の数が 10 個の場合（例えばドとシ♭）。

p.150　モチーフ（動機）　認識しやすい特徴（例えば旋律的に）を持ち、楽曲の主題や楽節の形成要素となる。

p.150　シンコペーション　同じ高さの音が弱拍部と強拍部で結ばれて、弱拍部が強拍部に、強拍部に変わること。

p.151　カデンツ（終止形）　楽曲の途中または最後に、句読点のような効果をもたらす和声。

p.151　カノン　先行する声部を、ある時間的間隔をおいて後続する声部が模倣する。輪唱はこの一例。

p.151　対称形　譜例集 p.248 参照

p.161　オスティナート　ある音型を続けて何度も繰り返すこと。

p.164　長二度　音階上隣り合う２つの音で、２つの半音の音程（例えばドとレ）。

p.164　半音階　オクターブを 12 の半音に分けた音階。長・短調のように楽曲の基礎となることはなく、経過的に用いられる。譜例集 p.247 参照。

p.165　十二音音階　12 の半音からなる音階。12 個の音は、すべて同等のものとして扱われる。譜例集 p.247 参照。

p.167　完全五度　２つの音の間にある音を、その音も含めて音階上の音で数えて５つになる場合が５度で、２つの音の間に半音が７つの時、完全五度と呼ぶ。

p.179　弱起（アウフタクト）　小節内の第 1 拍以外の弱部から曲が始まること。

p.179　男性終止　曲またはフレーズの終わりの和音が強拍にある終止形。

p.179　女性終止　曲またはフレーズの終わりの和音が弱拍にある終止形。

譜例集 74 番　六歩格　詩の場合、1 行で 6 回のリズムを刻む。

譜例集 76 番　ロンド　17 世紀の器楽形式。ABACADA…（A はリフレイン）

譜例集 78 番　アッチェレランド　速度を次第に速めて奏する。

参考文献「音楽中辞典」音楽之友社
「クラシック音楽作品名辞典」三省堂　井上和男編著

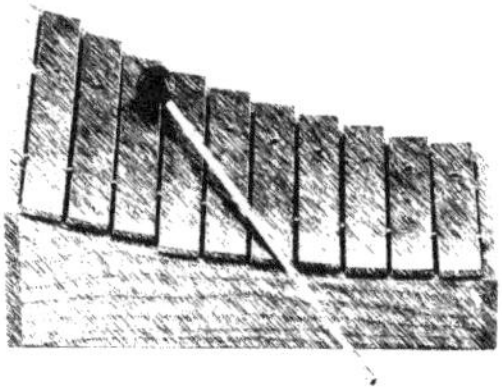

９２．交差する５度音階

バイオリンとライアーアンサンブルで

９０．ペンタトニックのメロディー

リコーダーがメロディーを演奏し、

ライアーアンサンブルがグリッサンドで伴奏

９１．大きい車輪

ライアーアンサンブルのための反復進行

８９．左手のための反復進行

ライアーアンサンブルがライアーまたはバイオリンのメロディーを伴奏

８８．感謝の歌

リコーダーがメロディーを演奏し、打楽器とペンタトニックの木琴とライアーアンサンブルのオスティナートが伴奏

８７．龍の話（聖ミカエル祭の時期に)

数百年前、まだ堤防がなかった頃、秋になると土地は水に覆われていました
危険を知らせる鐘が鳴ります

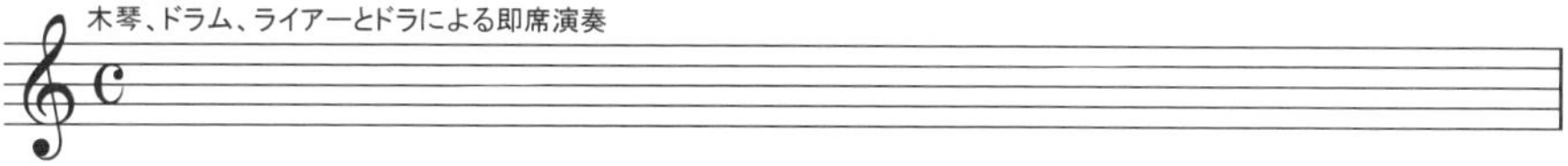

龍は尻尾で水面をたたきます

大波がすごい勢いで寄せてきます。

（ライアーアンサンブルが静かに演奏をして、ハープまたはソロライアーが
減７度の和音をいろいろな高さでせわしなく弾きます。）

救出する小舟がきて、人々を高い場所に連れていきます
そこには教会もあります

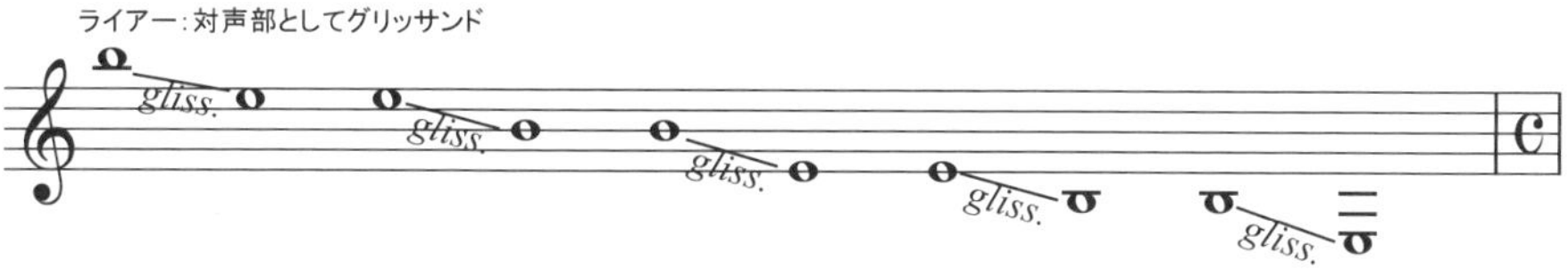

龍たちが去り、水もひいてゆきます

８５．十二音の雰囲気

８６．ライアーアンサンブルのシンコペーションの練習

８３．火曜日

ドを基音とするメロディー、ライアー で

A

B

８４．水曜日

レを基音とするメロディー、ライアーで

８１．日曜日

ラを基音とするメロディー、ライアーで

８２．月曜日

シを基音とするメロディー、ライアーで

７９．金曜日

ファを基音とするメロディー、ライアーで

８０．土曜日

ソを基音とするメロディー、ライアーで

７８．木曜日

人数の多いライアーアンサンブルのためのメロディーです。アッチェレランドの練習であり、強弱の練習でもあります。浜辺や海や砂の雰囲気を表現します。ペンタトニックに調律されたボーデンライアーの前奏を加えて、メロディーを拡大することもできます。伴奏のリズムは、５度またはペンタトニックの木琴を使うのが良いでしょう。各フェルマータの後に１本または複数のリコーダーで、次のメロディーを奏でることができます。

あるいは、このメロディーを自由に即興演奏してもよいでしょう（小鳥）。
間奏はソロライアーかハープで演奏します。嵐や雷を表現するために、ティンパニーや銅鑼（ゴング）を追加することもできます。その場合には、ハープとライアーのすべての弦、木琴のすべての音を使ってもよいでしょう。

G

７７．アドヴェントの響き(２４番も参照)

１回目は、ペンタトニックに調律されたボーデンライアーをリズミカルに撫でる、あるいはペンタトニックの中でライアーか木琴で自由に伴奏する。

２回目は下記の通り、３回目は１回目と同じ様にする。

D

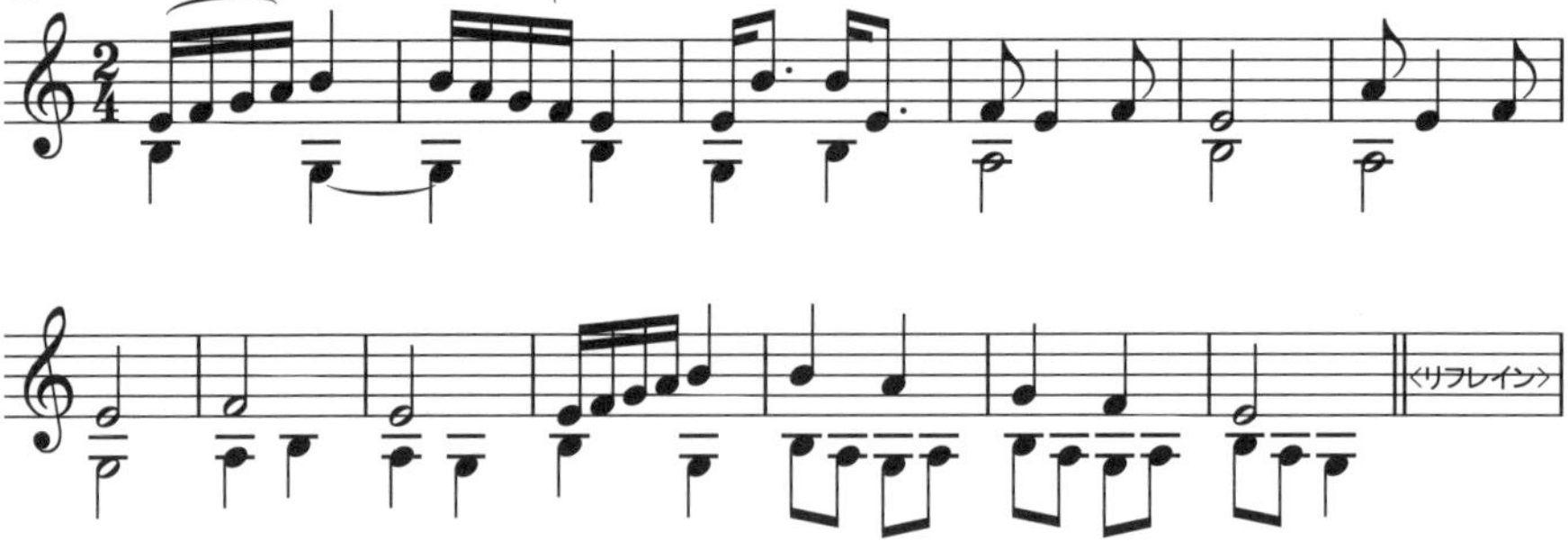
〈リフレイン〉

E

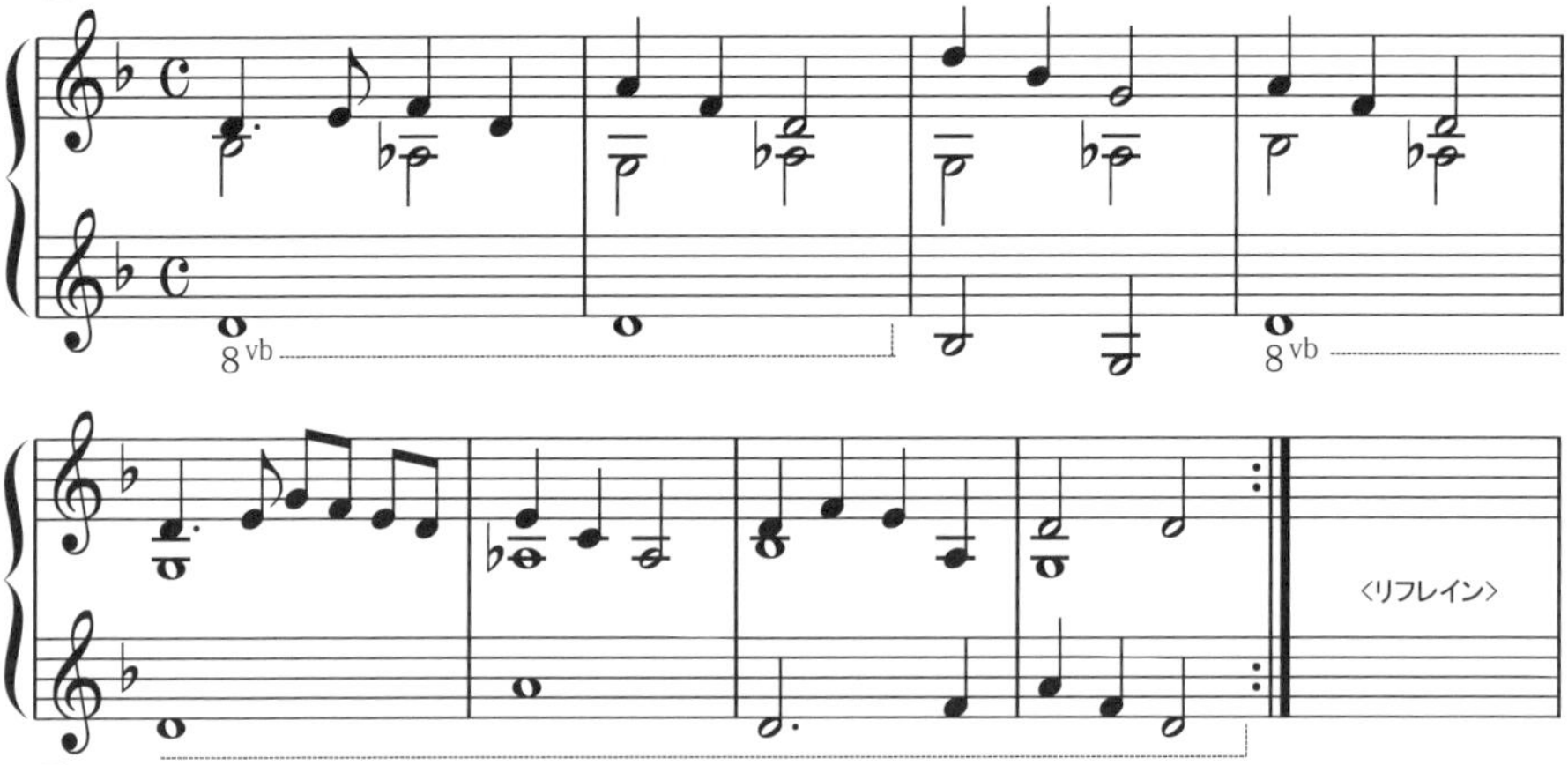
8 vb
8 vb
〈リフレイン〉

F

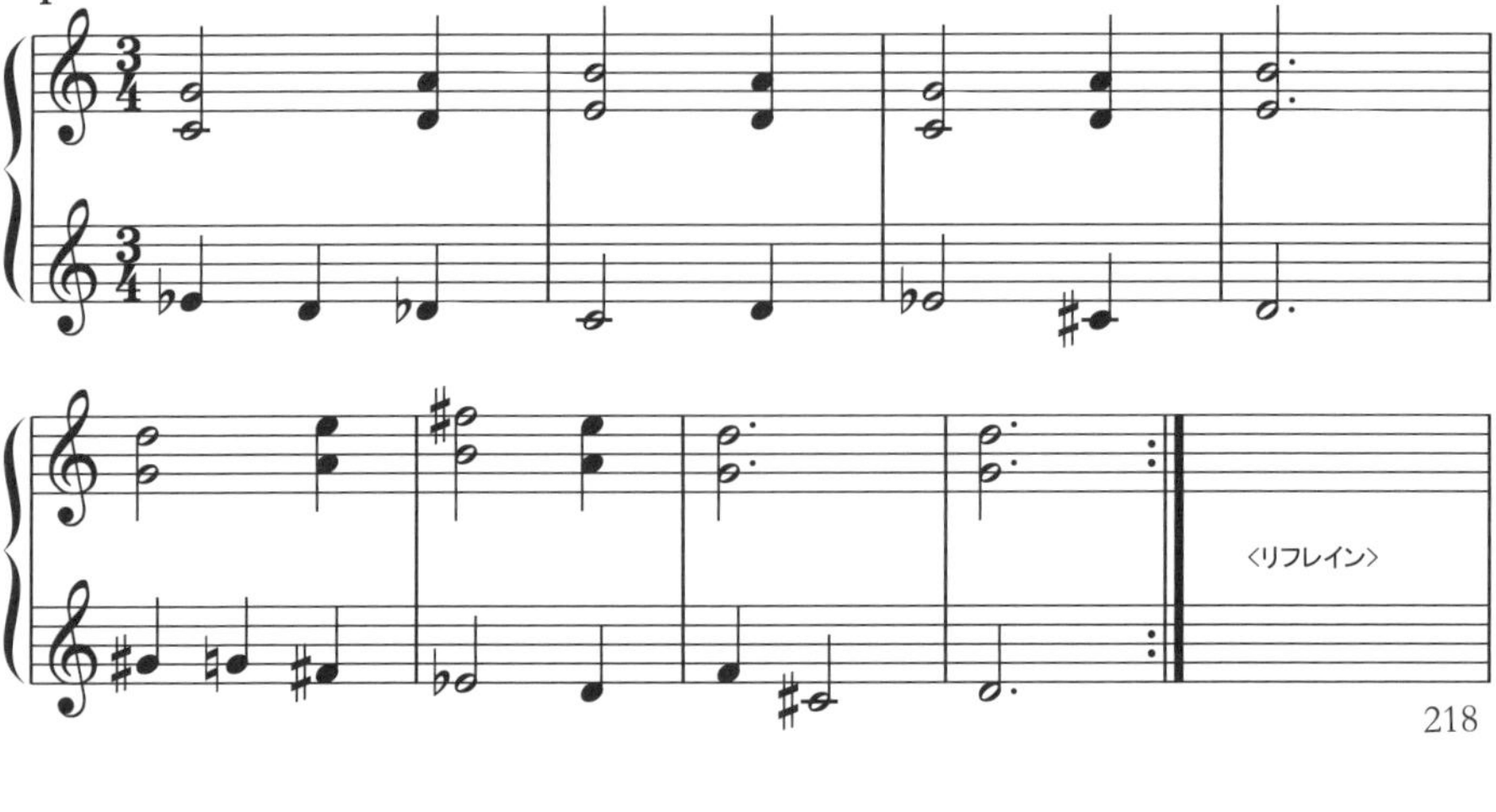
〈リフレイン〉

７６．七人のダンサーのロンド

ライアーとリコーダーと木琴のための簡単な音楽

始めと終わりと各部の間にリフレインを演奏

A

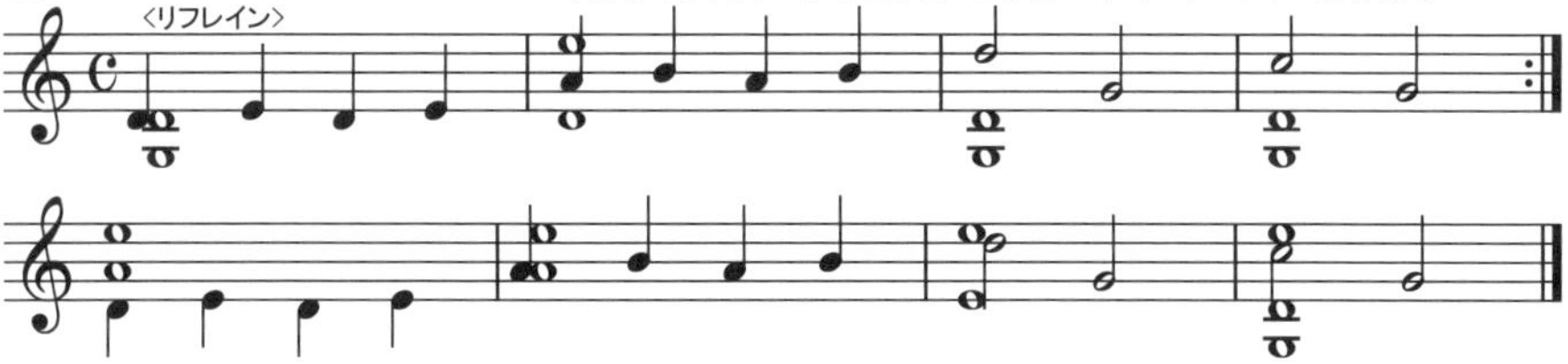

B

C

７５．大人のための動きの練習

B
ゆっくり
mf
3
3
C
D
六歩格

７１．リズムのある動きの練習（１）

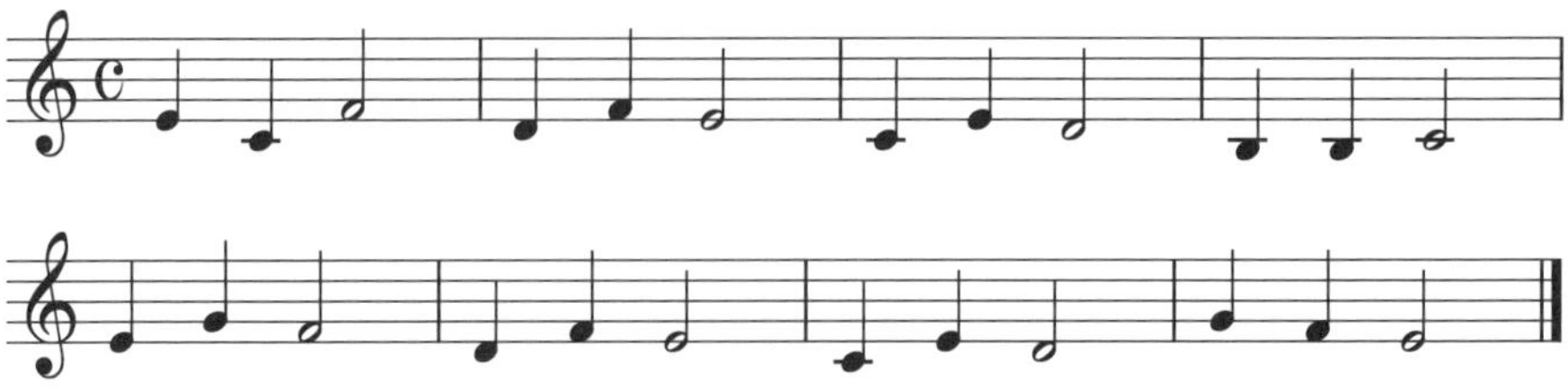

７２．リズムのある動きの練習（２）

７３．ライアーのための、変化をつけたリズムの練習

７４．ライアーのための全音階練習

１回目は早く弾き、次はゆっくり弾く

左・右のグリッサンドも練習する

A

６８．動きの練習

早くしたり遅くしたりしながら、クレッシェンドとディミヌエンド

６９．打楽器のための三連符の練習

７０．反復進行による三連符の練習

６４．左・右を足で

６５．高い音

繰り返す。変奏曲にしてもよい

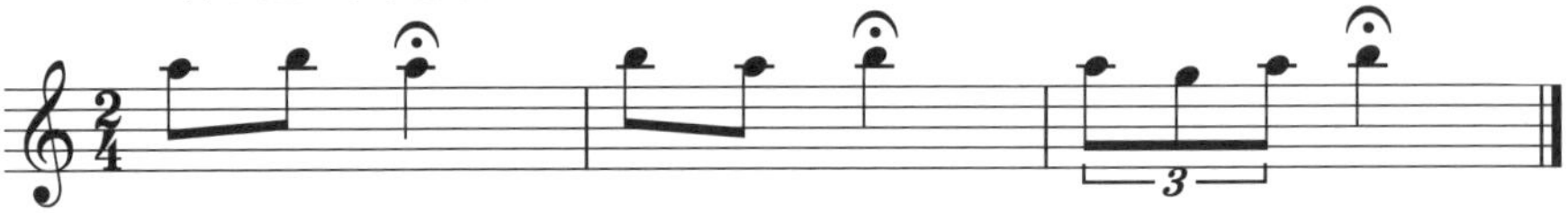

６６．低い音

繰り返す。変奏曲にしてもよい

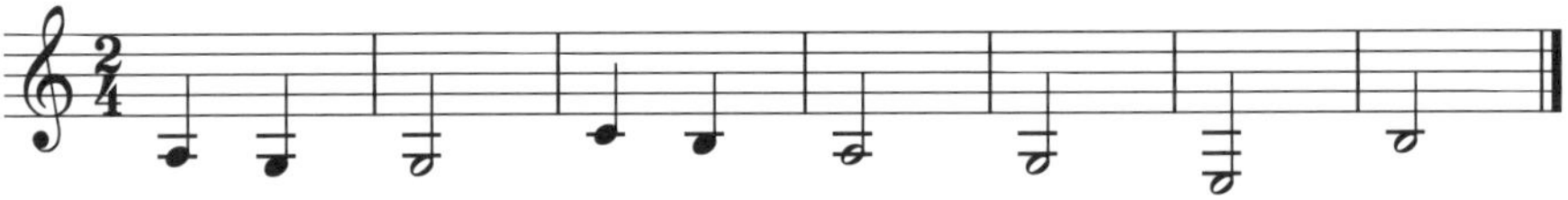

６７．動きの練習　腕を上げ下げする

子どもたちも動きながら歌う

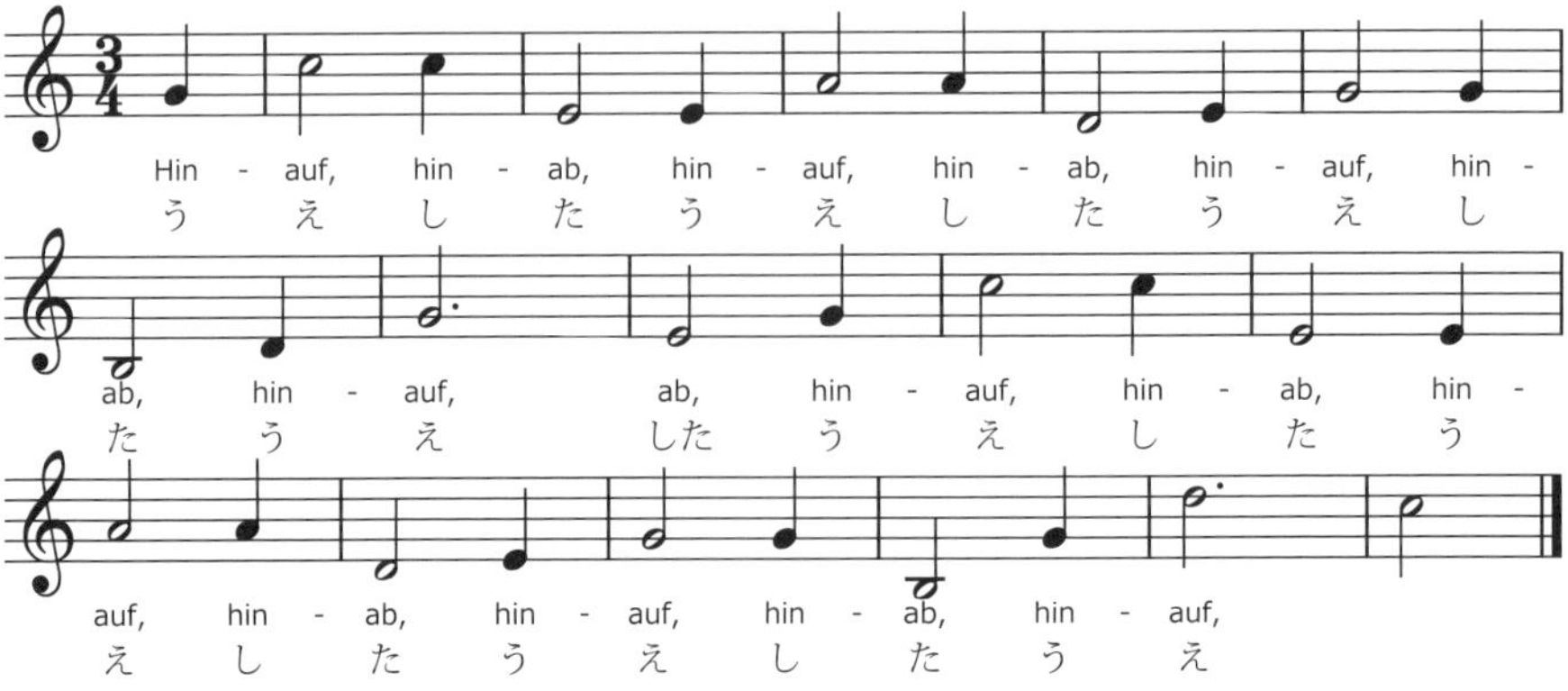
Hin - auf, hin - ab, hin - auf, hin - ab, hin - auf, hin -
う え し た う え し た う え し
ab, hin - auf, ab, hin - auf, hin - ab, hin -
た う え した う え し た う
auf, hin - ab, hin - auf, hin - ab, hin - auf,
え し た う え し た う え

６０．鐘　オクターブと完全５度

ライアーで：すべての音を止めずに自然に消えるまで響かせる
オクターブの所でも響かせたままにする

６１．感謝の歌　完全５度

Wir dan - ken Dir, Du gu - ter Gott, wir knie - en vor Dir nieder.
あ り が とう か み さ ま ひ ざ ま づ い て

６２．鐘の歌　１２歳以上の子どもに

４度と５度とオクターブ
何回も繰り返す。変奏曲にしてもよい

６３．呼吸に合わせた左・右の動き（揺れる動き）

５４．長３度

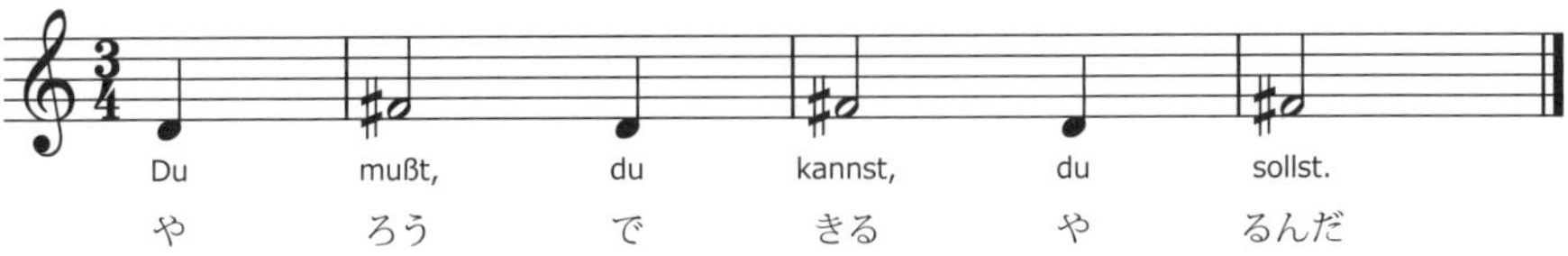
Du mußt, du kannst, du sollst.
や ろう で きる や るんだ

５５．短２度

Nun gehn wir aus - ruhn, nun gehn wir schla - fen.
や す み ま しょう ね む り ま しょう

５６．完全５度

Die Sonn' geht auf, der Tag bricht an.
陽 が の ぼる お は よ う

５７．増４度

Oh weh, nicht wei - ter, nicht wei - ter.
こ わい 行け ない よ 行け ない よ

５８．長６度

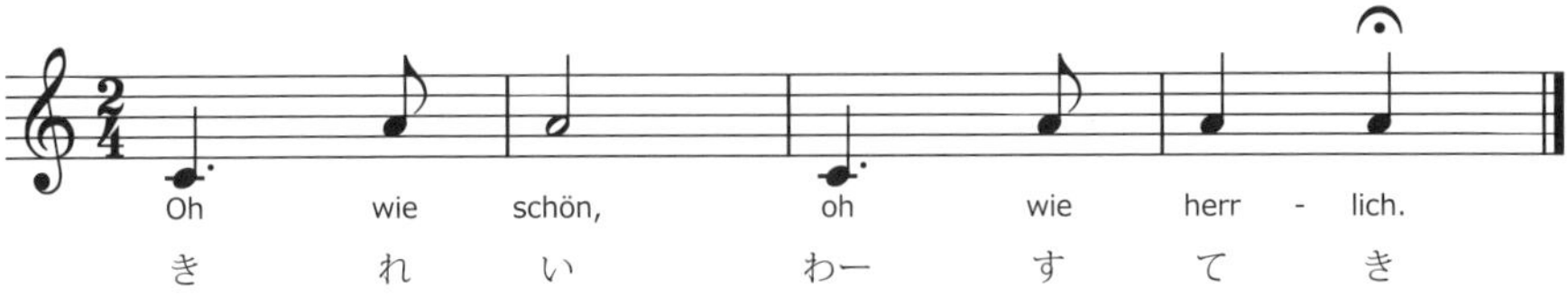
Oh wie schön, oh wie herr - lich.
き れ い わー す て き

５９．長７度

3
3
Hoch, hoch hin - aus, hoch hoch, hoch hin - aus.
た か い ぞ す ご く 高 い

４９．長２度

Stapf, stapf, stapf, stapf, stapf, stapf.
のし のし のし のし のし のし

５０．完全４度

Hin - auf, hin - auf, hin - auf.
う え う え う え

５１．下がる短２度

Sie sau - sen den Berg hin - ab.
さ か み ち お り る

５２．短７度

Die Sonn' sinkt, die Nacht kommt.
陽 が 沈む よ るが 来る

５３．短３度

Ich bin so müd', ich kann nicht mehr.
つ か れ た あ る け ない

45．ウサギのモチーフ

ライアーで：「不思議な楽士」より

軽快に

46．木こりのモチーフ

ライアーで：「不思議な楽士」より

Klopf, klopf, klopf,
トン トン トン
klopf, klopf, klopf,
トン トン トン
klopf, klopf, klopf,
トン トン トン
klopf, klopf, klopf.
トン トン トン

47．セラピー例 1

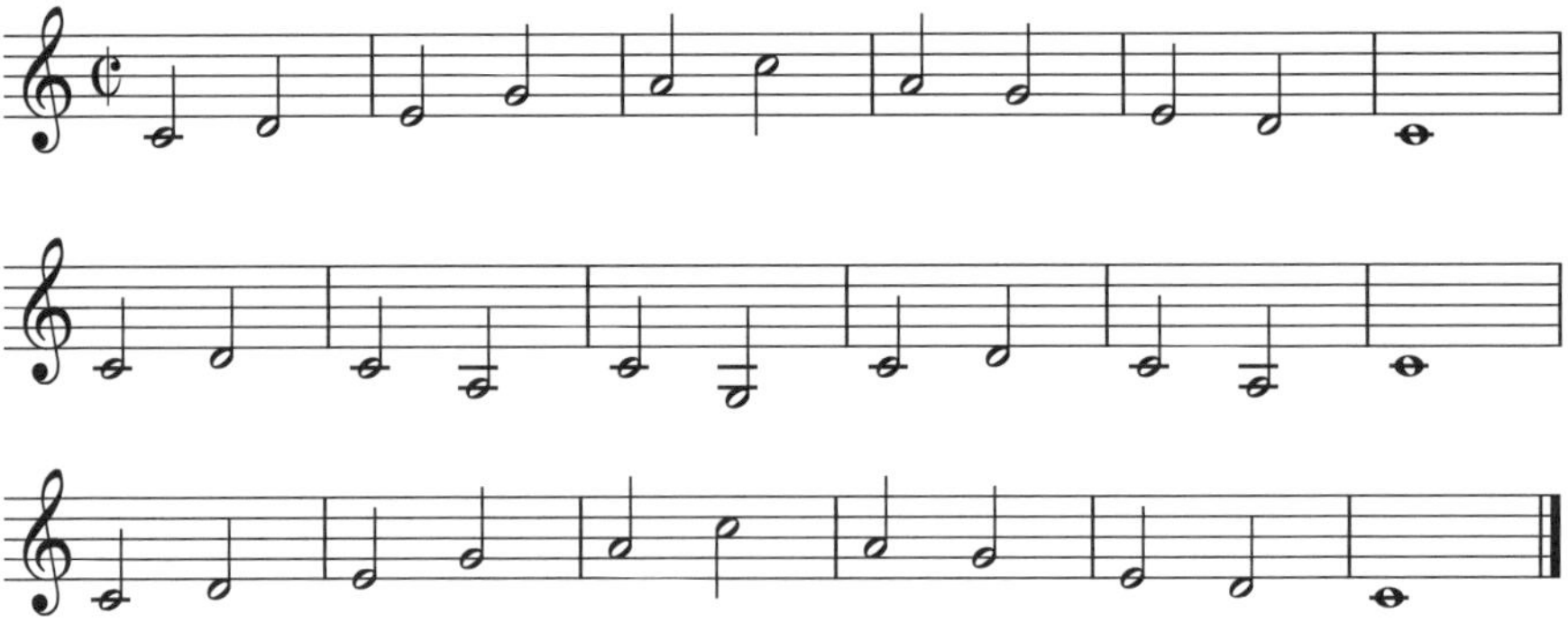

48．セラピー例 2

４１．悲しみの歌

ライアーで：「不思議な楽士」より

４２．市長の誕生日

ライアーで：「不思議な楽士」より

４３．狼のモチーフ

ライアーで：「不思議な楽士」より

ゆっくり重々しく

４４．狐のモチーフ

ライアーで：「不思議な楽士」より

Der Fuchs mit
sei - nem Schwanz.
き つ ね の
し っ ぽ

３９．踊りの歌

ライアーで：「不思議な楽士」より

４０．洗礼の歌

ライアーで：「不思議な楽士」より

A

B

３７．リコーダーの大きい曲

高音部はカノンで、第２グループは ❁ で入る

３８．イースターの鐘

リコーダーとライアー、または弦楽器
カノンの第２グループは❁ で入る

３５．私・僕の練習

全員で一人の子どもを指さし、その子の名前を歌います。次に、その子が一人で「私・僕の名前は….」と歌います。少し大きい子どもの場合は、セラピストが３度の高さで平行して一緒に歌うこともできます。小さい子どもの場合は、ライアーでいろいろな高さの５度（主音、属音）で伴奏することもできます。

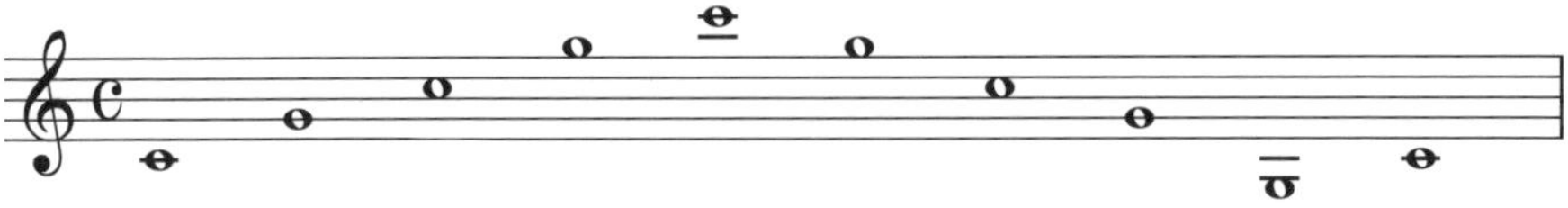

５度の伴奏は、ほぼすべての長調と短調の歌に適用できます

３６．リコーダーの小さい曲

この歌の第２声部は、３番の歌(「夜」)です

３２．動きの歌（２）

Ich geh vor und zu - rück. Bein vor Bein, mit Ge -
ま え に う し ろ 一 歩 ずつ 上 手
schick. Ich geh wieder, rund und rund. Ich geh vor und zu - rück.
に ま え に ま わ る ま え に う し ろ
高い音程で
Ich geh vor und zu - rück. Bein vor Bein, mit Ge -
ま え に う し ろ 一 歩 ずつ 上 手
schick. Ich geh wieder, rund und rund. Ich geh vor und zu - rück.
に ま え に ま わ る ま え に う し ろ

３３．動きの歌（３）

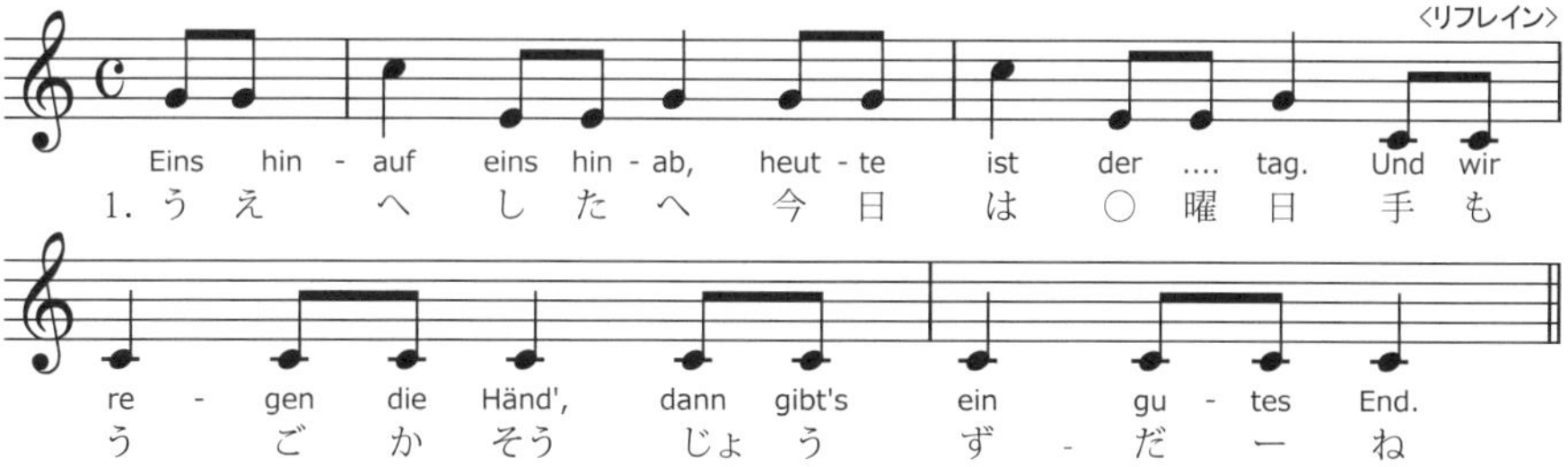
〈リフレイン〉
Eins hin - auf eins hin - ab, heut - te ist der .... tag. Und wir
1. う え へ し た へ 今 日 は ○ 曜 日 手 も
re - gen die Händ', dann gibt's ein gu - tes End.
う ご か そう じょ う ず - だ ー ね

２．つま先歩き　背伸びしよう　(リフレイン)

３．壁に行こう　隣の国だ　(リフレイン)

４．線路歩こう　足並みそろえ（リフレイン）

５．止まってみよう　まっすぐ立つぞ（リフレイン）

６．象の鼻に　吹き飛ばされる（リフレイン）

７．最後は静かに　おやすみなさい (リフレインなしで終わる)

３４．ファンファーレ

Tra - ra - ra, tra - ra - ra, tra - ra tra - ra tra - ra - ra.
タ ラ ラ タ ラ ラ タ ラ タ ラ タ ラ ラ

２９．歌

「不思議な楽土」から

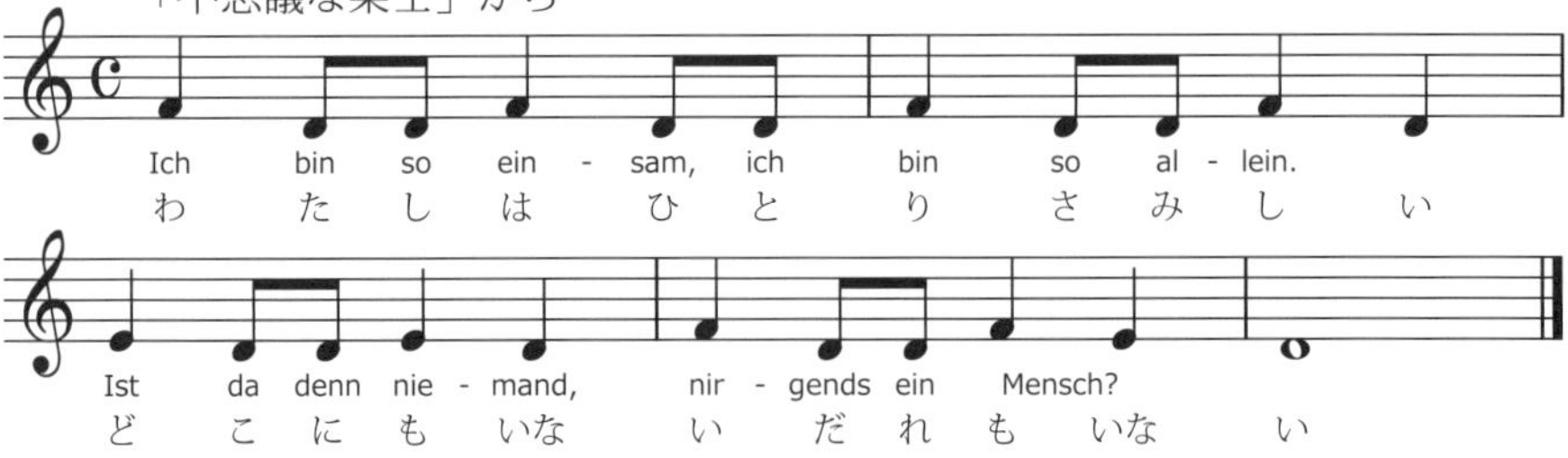
Ich bin so ein - sam, ich bin so al - lein.
わ た し は ひ と り さ み し い
Ist da denn nie - mand, nir - gends ein Mensch?
ど こ に も いな い だ れ も いな い

３０．お城

Ein al - tes Schloß ich weiß, mit Tür - men hoch und weiß. Die
ふ る い し ろ の し ろ い と う に い
al - ler - höch - ste Zin - nen hat ein - ne Glok - ke drin - nen. Ding, dong,
ち ば ん た か く ひ と つ の か ね が ディン ドン
ding, dong, ding… Die klei - nen Glok - ken, froh und hell, die
ディン ドン ディン ち い さ い か ね の ね
klin - gen um die Wet - te schnell, kling, klang, kling, klang, kling, klang, ling. Und
た の し く 競 争 だ キン コン カン コン キン コン カン みん
wie ein Lied er - klingt dar - aus, da klingt die gro - ße Glok - ke aus.
な で う た う よ キン コン カン コン キン コン ディン ドン ディン

３１．動きの歌（１）

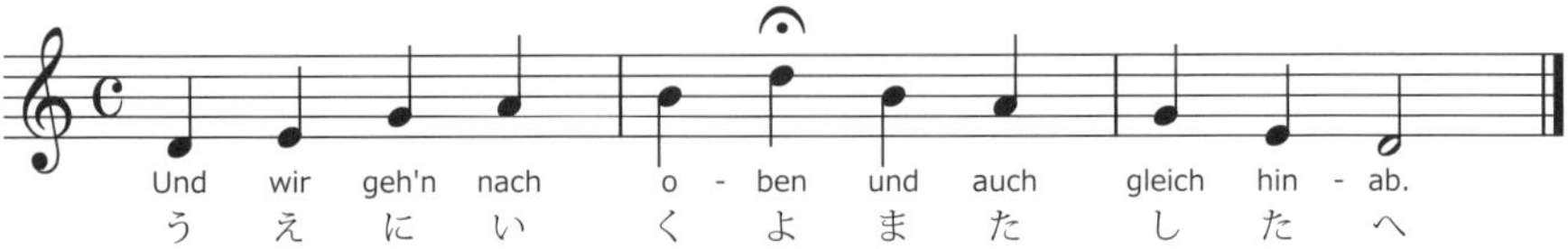
Und wir geh'n nach o - ben und auch gleich hin - ab.
う え に い く よ ま た し た へ

27．カーニバルの王子

Durch den Schnee kommt an - ge - rit - ten Prinz - lein auf dem Glöck - chen -
ゆ き の な か を 来 る お う じ ソ リ に
schlit - ten. Pferd - chen stapft so flink und schnell, lau - ter Glöck - chen
乗 って う ま は は し る よ す ず の ね
klin - geln hell. Klin - ge - lin - ge, klin - ge - lin - ge.
た か く リン リン リン リン リン リン リン リン
Dann die Zü - gel, kling, klang, klin - ge, Glok - ken klin - gen
た ず な が さ そ う よ す ず 鳴 り
rings - um - her, ru - fen nun ein Sin - gen her.
ひ び く う た おう う た お う
Ding, dong ding, dong, din - ge - lei, und schon ist der Prinz vor - bei.
ディン ドンディン ドン ディン ドンドン ソ リ は もう い な い

28．3月

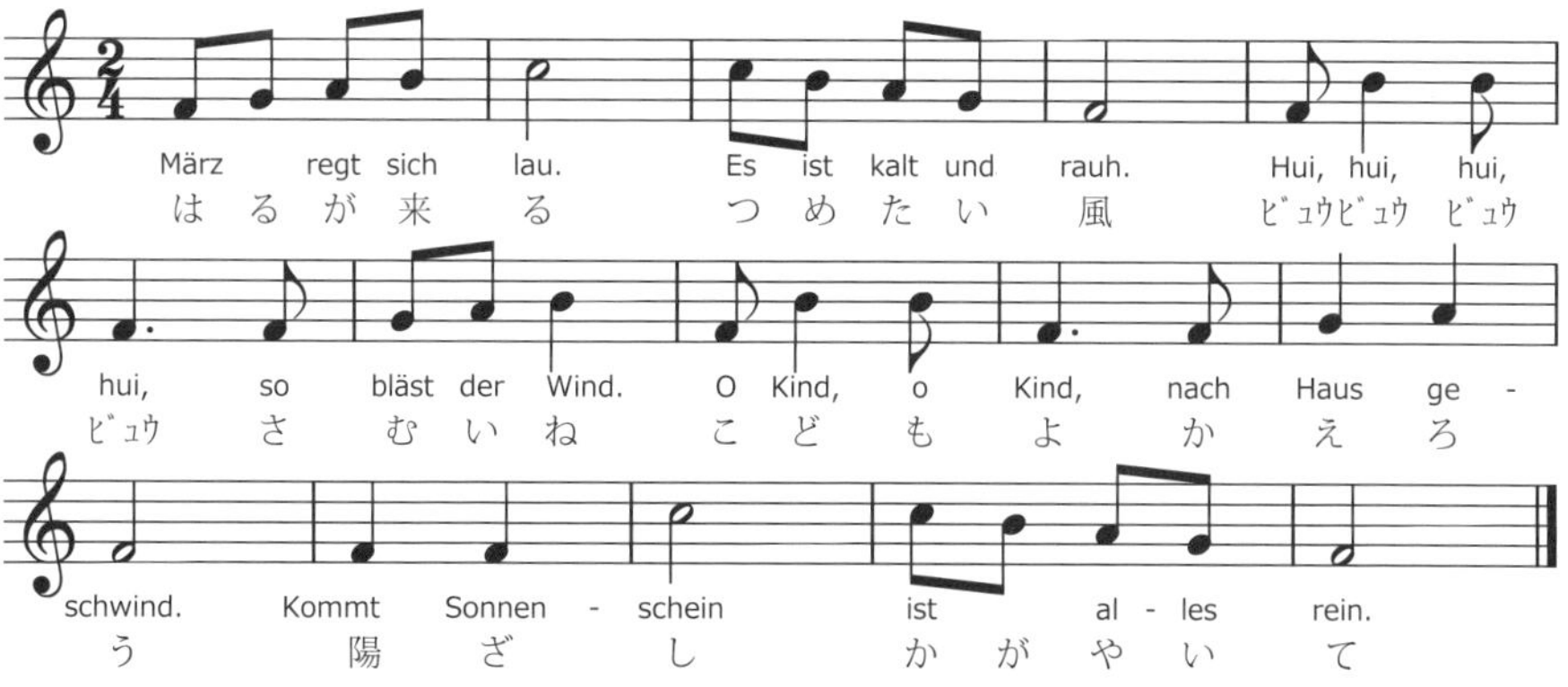
März regt sich lau. Es ist kalt und rauh. Hui, hui, hui,
は る が 来 る つ め た い 風 ビュウビュウ ビュウ
hui, so bläst der Wind. O Kind, o Kind, nach Haus ge -
ビュウ さ む い ね こ ど も よ か え ろ
schwind. Kommt Sonnen - schein ist al - les rein.
う 陽 ざ し か が や い て

２５．公顕祭

Ka - men drei Kö - ni - ge, und sie ka - men von fern.
三　人　の　王　さ　ま　遠　く　から　来　た　よ
Hel - ler leuch - tet ein Stern, und der zeig - te den Weg nun wei -
ひ　か　る　ほ　し　だ　ほ　し　が　三　人　を　連　れ　て
ter zu geh'n, zu dem Kind in dem Stall, das die We -elt wan - deln soll.
来　た　よ　世　界　を　変　え　る　う　ま　や　の　子　へ　と

２６．２月

Nun ist der Fe - bru - ar, lang - sam steigt das Licht. Nachts re - giert der Win - ter,
2　が　つ　に　なっ　た　陽　は　た　か　く　よ　る　は　ま　だ　冬
Früh - ling ist in Sicht. Die Saa - ten und die Knos - pen schwel - len
は　る　は　す　ぐ。　し　ろ　い　ひ　か　り　の　な　か
un - ter der weis - sen kal - ten Pracht. Nun ist der Fe - bru - ar,
つ　ぼ　み　ふ　く　ら　む　よ　2　が　つ　に　なっ　た
lang - sam steigt das Licht. Wenn kal - te Win - de we - hen, ist der Früh - ling in Sicht.
陽　は　た　か　く　か　ぜ　は　つ　め　た　い　は　る　そ　こ　に

21. 秋

Wir geh'n in den Herbst - wald, lau -fen Hand in Hand,
あ き の も り へ さ あ 行 こ う
sam - meln bun - te Blät - ter ins wei - te Ge - wand.
き れ い な 葉 を ポ ケ ッ ト に

22. 10月

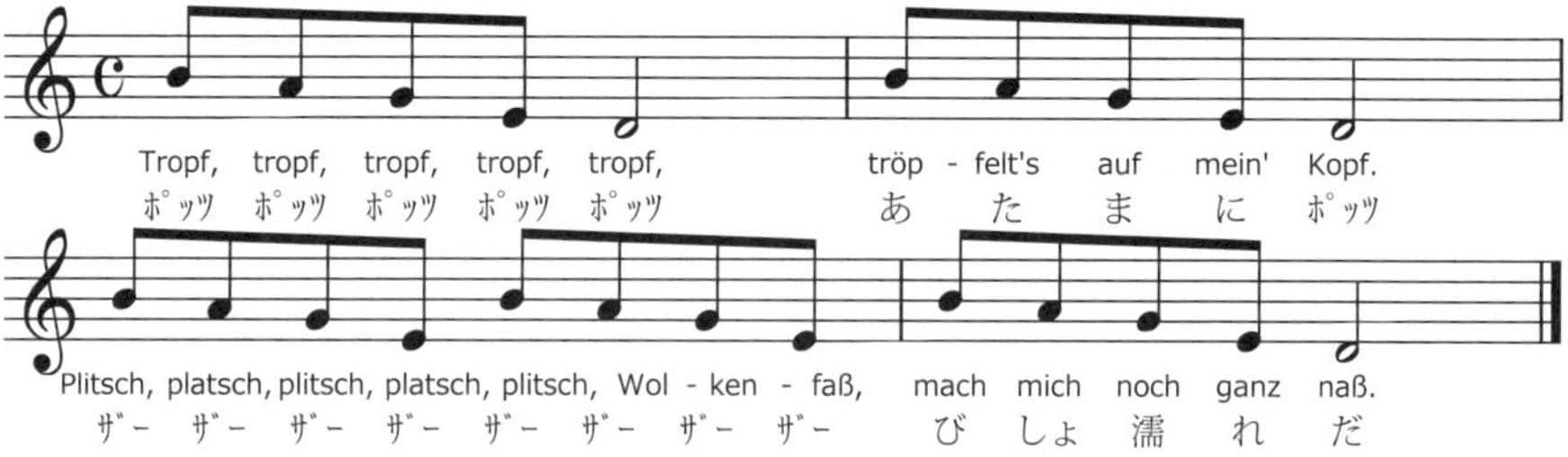
Tropf, tropf, tropf, tropf, tropf, tröp - felt's auf mein' Kopf.
ポッツ ポッツ ポッツ ポッツ ポッツ あ た ま に ポッツ
Plitsch, platsch, plitsch, platsch, plitsch, Wol - ken - faß, mach mich noch ganz naß.
ザー ザー ザー ザー ザー ザー ザー ザー び しょ 濡 れ だ

23. 11月

（16番の変奏）

Der Him - mel ist grau, der Win - ter klopft an. Nun
く ら い そ ら ふ ゆ が 来 る お
blei - ben wir drin - nen und woll'n uns be - sin - nen.
へ や で ね し ず か に ね ー

24. 12月

Ster - nen - licht strahlt uns so still und klar, Men - schen zieh'n her von fer - ne.
ほ しが キ ラ リ ひ か る だ れか や って 来 る
Kind - lein, so schön, liegt nun da, Men - schen zieh'n her von fer - ne
お さ な ご ね む り だ れ か や っ て 来 る

4．（聖ゲオルグのモチーフ）：

聖ゲオルグが来る　馬にまたがって　刀を手に持って（リフレイン）

5．（お姫さまのモチーフ）：

姫が騎士に言う　勇気のある方（リフレイン）

6．（聖ゲオルグのモチーフ）：

龍は尻尾を振り　ゲオルグの刀　龍の尾をとらえた（リフレイン）

7．（聖ゲオルグのモチーフ）：

見てごらん　偉大な騎士の聖ゲオルグが　龍の上に立っている（リフレイン）

8．（お姫さまのモチーフ）：

すばらしい騎士よ　ありがとう　ありがとう（間奏）

終結部
Sankt Ge - org, Sankt Ge - org, wir dan - ken dir sehr. Dich
セント ゲ オルグ セント ゲ オルグ あ り が と う つ
schick - te Chri - stus, un - ser Herr.
か わ し た のは か み

２０．聖ゲオルグの劇

前奏、間奏(ライアー)

聖ゲオルグのモチーフ
Wer kommt da an mit Schild und Schwert? Der
1. あ の ひ と は だ れ だ 騎
Rit - ter Ge - org auf dem Pferd. Sankt Ge - org steh bei! Wir
士 の ゲ オ ル ク だ た す け て よ 手
お姫さまのモチーフ
hel - fen da - bei. Dem Kö - nigs - kind ver - sank der Mut. Sie
を か し て 2. ひ め は お び え て る りゅ
muß nun vor des Dra - chen Wut.
う は い か っ て る
<リフレイン>
<間奏>

３．（お姫さまのモチーフ）：

神様こわいわ　誰か助けてよ（リフレインと間奏）

１９．ミカエル祭

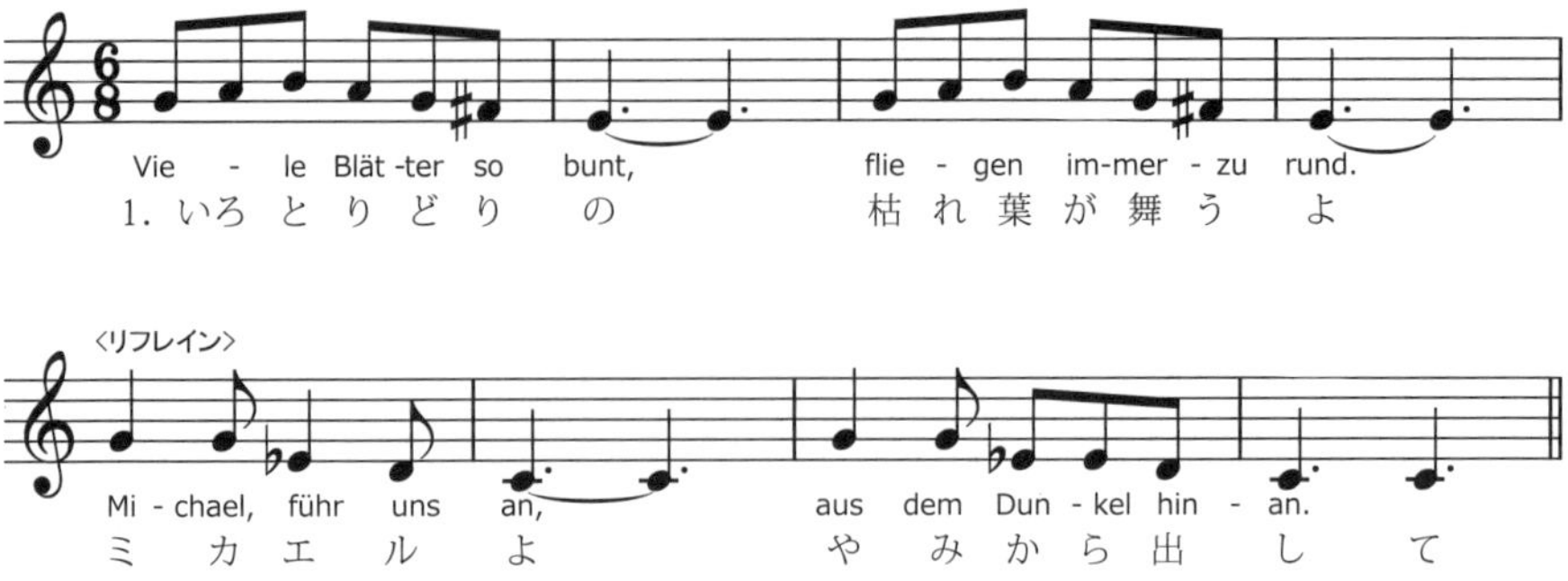
Vie - le Blät -ter so bunt, flie - gen im-mer - zu rund.
1. いろとりどりの　枯れ葉が舞うよ
〈リフレイン〉
Mi - chael, führ uns an, aus dem Dun - kel hin - an.
ミカエルよ　やみから出して

２．重たい雨が黒い雲を連れ（リフレイン）

３．嵐の雨が、木の葉を落とす（リフレイン）

４．雷がなり、とどろき響く（リフレイン）

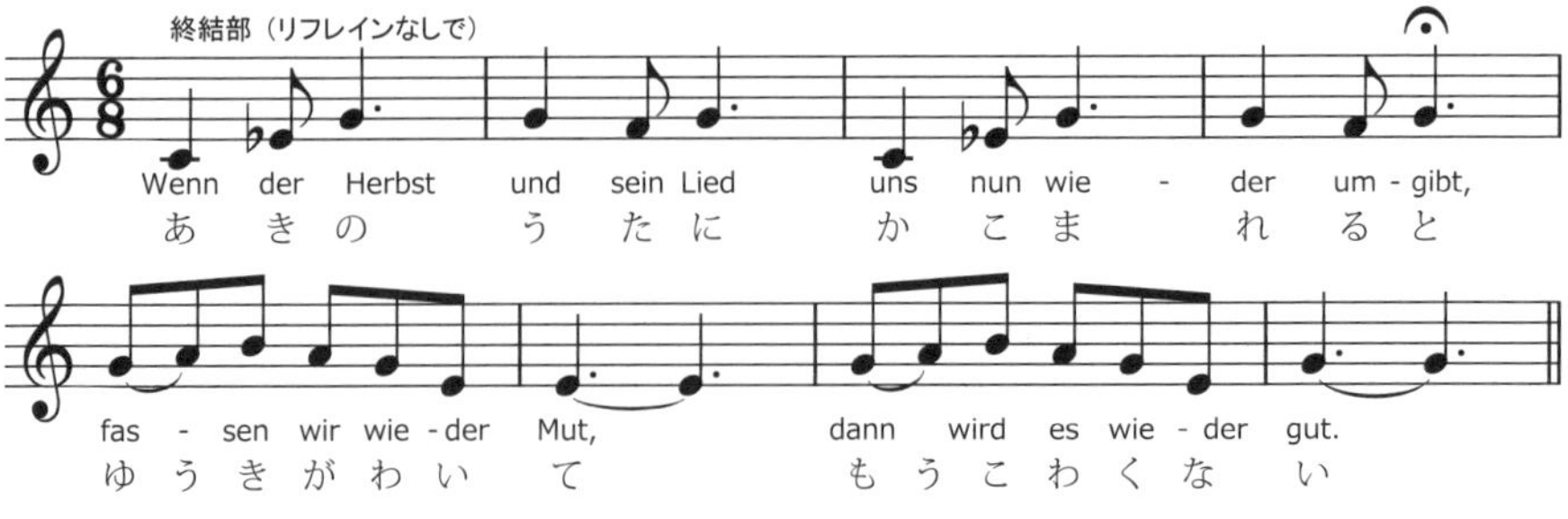
終結部（リフレインなしで）
Wenn der Herbst und sein Lied uns nun wie - der um - gibt,
あきのうたに　かこまれると
fas - sen wir wie - der Mut, dann wird es wie - der gut.
ゆうきがわいて　もうこわくない

１６．６月

Der Him - mel ist blau, der Som - mer ist da, wir
あ お い そ ら な つ が 来 た よ 小
wan - dern hin - aus wie die Vo - gel - scha - ar.
と り の よう に 出 か け ま しょ う

１７．７月

Son - nen - glut, Lich - tes - flut, summ, summ, summ, von Blum' zu
陽 ざ し あ つ く ブン ブン ブン は な へ
Blum', nascht und schwingt, frei sich singt. Summ, summ, summ, summ.
と 飛 ん で う た う ブン ブン ブン ブン

１８．８月

Gold und gelb, gelb und gold, gold - gelb, gelb - gold.
き ん い ろ の む ぎ の 穂 が ひ かっ て る
Korn ist nun reif, und es wird zu Mehl. Bäk - ker schürt das Feu - er,
も う い い ぞ こ な に し よう か ま に 火 入 れ よう
Feu - er so rot. Braun ist nun das Brot. Son - nen - glut, Lich - tes - flut.
まっ か な 火 陽 ざ し も あ つ く パン 焼 け た

１３．５月

Fliegt ein Vo - gel ge - schwind schwin - gend leicht mit dem Wind. Ru - fet
かぜにことり飛び立つよみん
al - le her - bei! Es ist Mai, es ist Mai.
な呼ぼうほら五がつだ

１４．聖霊降臨祭（１）

O Son - nen - licht, o gol - de - ne Glut,
きんいろのひかりよ
strahl in mein Herz und ma - che es gut!
こころを照らして

１５．聖霊降臨祭（２）

１４番の変奏

O Son - nen - licht, o gol - de - ne
きんいろのひかり
Glut, strahl in mein Herz und ma - che es gut!
よこころを照らして

１０．水の妖精

Wal - le, Wel - le, weh, schwim - men in der See.
ゆ ら ゆ ら な み う み で お よ ぐ
Wal - le, Wel - le, Wund - der, tauch - chen mu tig un - ter,
ゆ ら ゆ ら ふし ぎ さ か な と も ぐ る
klet - tern rau - schend hö - her woh - nen in dem Me - er.
ス イ ス イ 浮か ぶ う み に 住 ん で る
Wal - le, Wel - le, weh, schwim - men in der See.
ゆ ら ゆ ら な み う み で お よ ぐ

１１．春

Schmet - ter - lin - ge, bun - te Blu - men, Vög - lein flat - tern, Bie - nen sum - men
ちょうちょちょうちょ は な さ き と り 飛 ぶ ブンブン は ち
rau - nen uns ein fro - hes Lied, denn ver - drieß - lich sind wir nicht.
た の し く う た う わ た し も た の しい

１２．４月

Lei - se rie - selt Re - gen, Er - de putzt ihr Kleid.
し ず か な あ め 地 を あ ら う
Bau - ern schwin - gend sä - en, End hat Win - ter - kleid.
た ね ま き パッ パ ふ ゆ は 去 る
Kind-der drau-ßen tum - meln sich in bun-ter Reih', Vo - gel-chor kling wie Schal-mei.
こ ど も は 外 で は し っ て る と り が な い て る

6．大地

Die Erd - de ist so treu - lich, die Er - de ist so
だ い ち は す て き だ い ち は た
gut. Ich le - be auf der Er - de, voll - bring mein Werk mit Mut.
しか だ い ち の う え で は た ー ら こ う

7．空気

Lieb - lich und luf - tig, freund - lich und flüch - tig
か わ い ら し く や さ し く ふわ り
schwär - men und schwe - ben, schwe - ben und schwär - men wir licht durch das Le - ben.
ふ わりふわ り う かぶよう に 踊 るよ うに 軽 く

8．火

Flam - men - de Fun - ken, glän - zen - de Glut,
ひ か る 火 の 粉 か が や く 火
Falm - me im Her - zen, Fun - ken im Blut.
ここ ろ に ほの お まっ か に 燃え る

9．水

Wie - ge-la, wie - ge - la, Wel - len, kling, klang, ihr Schnel - len,
ゆ らり ゆ れ る な み チャップ チャップ は ね る
Wie - ge-la, Was - ser ist so rein. Wie das Was - ser möcht' ich sein.
き よく 澄 む み ず の よう に な り た い な

3．夜

３つの音を使った歌

Es ist Nacht, tie - fe Nacht al -le Men- schen schla - fen.
よ る が ふ け た み ん な ね む る
Schiff - lein nur glei - tet sacht hin zum fer - nen Ha - fen.
ふ ね は そ っ と み な と へ 着 く

4．こびとの歌

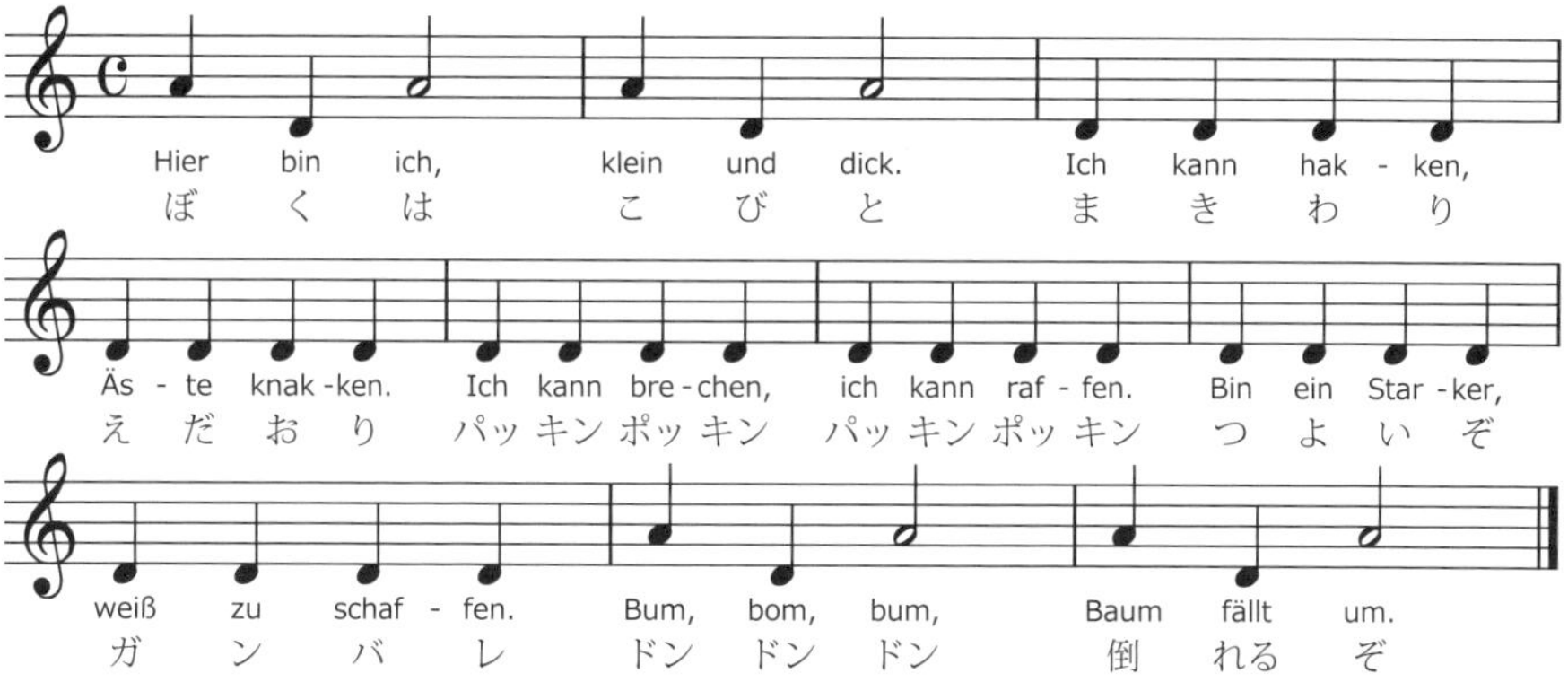
Hier bin ich, klein und dick. Ich kann hak - ken,
ぼ く は こ び と ま き わ り
Äs - te knak -ken. Ich kann bre - chen, ich kann raf - fen. Bin ein Star - ker,
え だ お り パッ キン ポッ キン パッ キン ポッ キン つ よ い ぞ
weiß zu schaf - fen. Bum, bom, bum, Baum fällt um.
ガ ン バ レ ドン ドン ドン 倒 れる ぞ

5．山のノーム

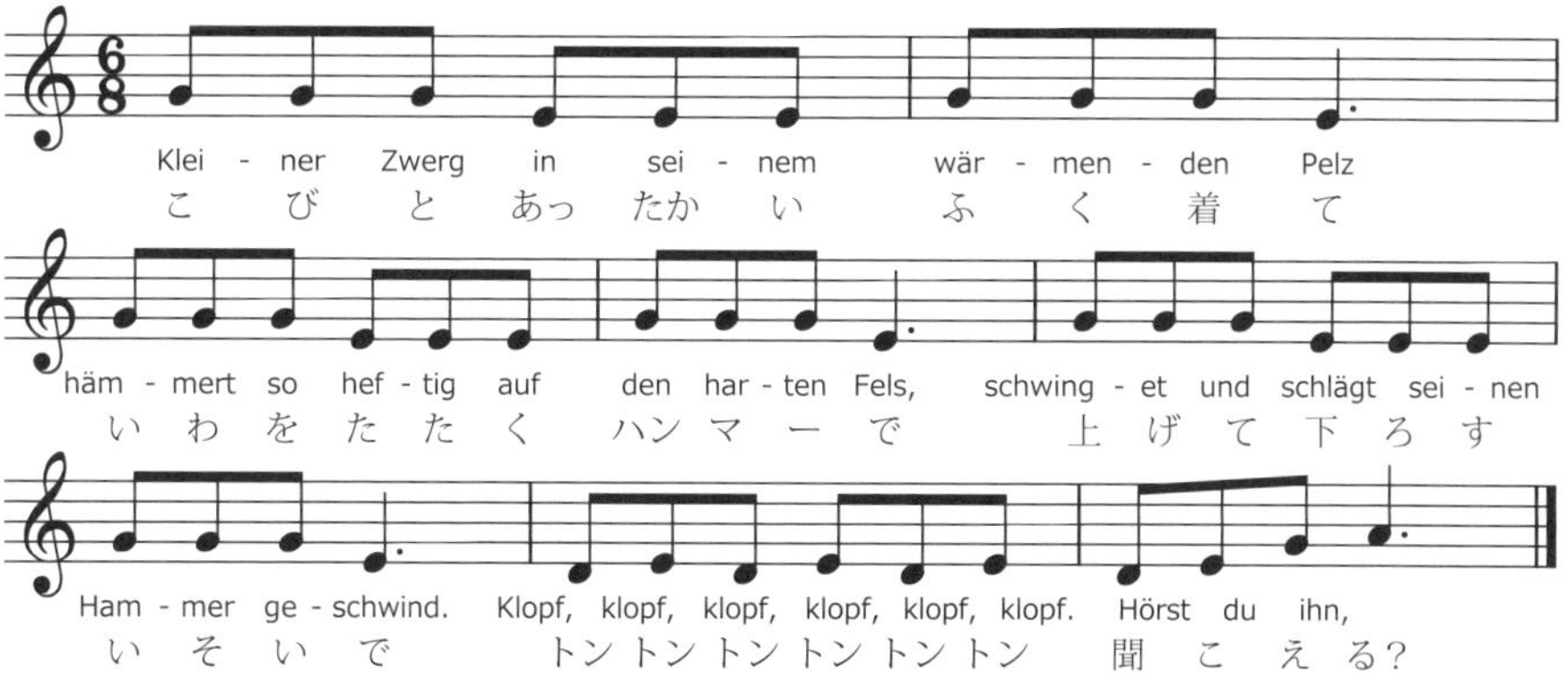
Klei - ner Zwerg in sei - nem wär - men - den Pelz
こ び と あっ たか い ふ く 着 て
häm - mert so hef - tig auf den har - ten Fels, schwing - et und schlägt sei - nen
い わ を た た く ハン マ ー で 上 げ て 下 ろ す
Ham - mer ge - schwind. Klopf, klopf, klopf, klopf, klopf, klopf. Hörst du ihn,
い そ い で トン トン トン トン トン トン 聞 こ え る?

音楽療法の中で生まれた歌や音楽

1．海へだれかいっしょにいくかい？

同じ音を使って、リズムだけを変化させた歌

Wer kommt her, mit ans Meer? Man- tel an, schnell hin- an
うみへ だれか いっしょに 行くかい？
Ja, wir geh'n mit an das Meer Hand in Hand
ヤー いくよ うみへ 手と手
hin zum Strand. Tips und taps, oh, wie naß
つなごう チャップ チャップ わーびしょ
ist die See 'ch geh ans Land, spiel mit Sand.
濡れだ はまへ もどろう

2．海へだれかいっしょにいくかい？

1の変形：下がる「幼児３度」を使って

うみへ だれか いっしょに いくかい？
ヤー いくよ うみへ 手と手
つなごう チャップ チャップ わーびしょ
濡れだ はまへ もどろう

ペンタトニックの音階と転回

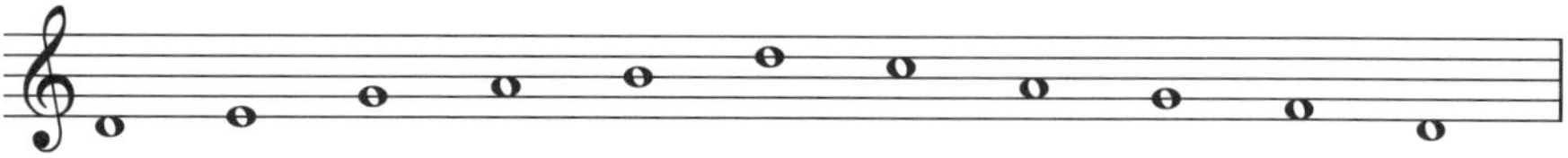

半音階(十二音音階)

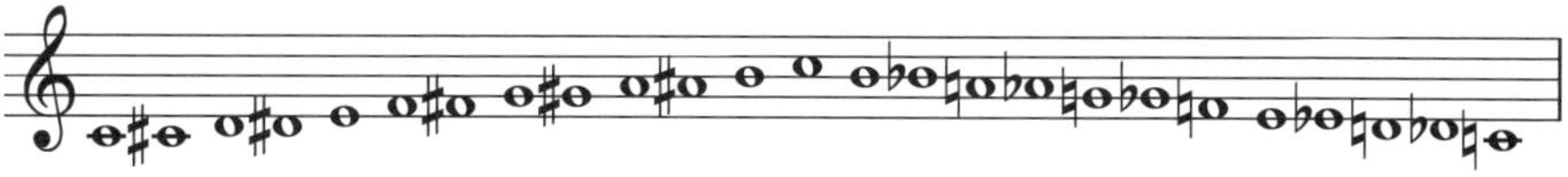

ハで始まる全音音階（六音音階）

へで始まる全音音階

長調と短調は、現代でもよく用いられています。短調は、音のいくつかを半音上げることによって、長調の傾向を持つようになります。

旋律的短音階

和声的短音階

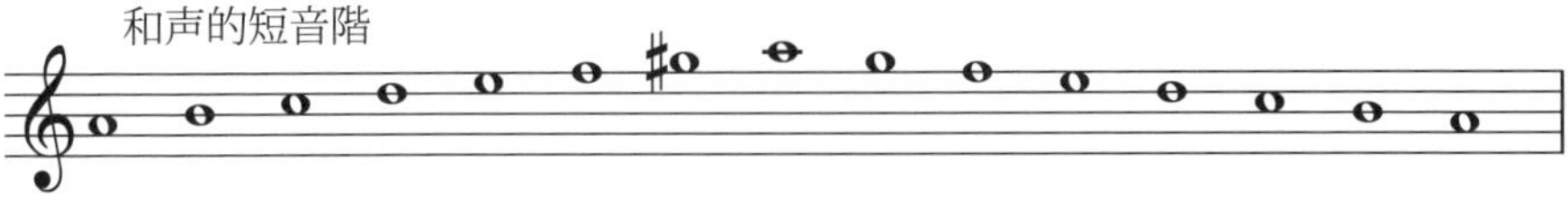

七音音階の転回

転回させると、上行の音程がそのまま下行に適用されます。ドリア調は転回させても変わりません。

フリギア旋法は長調に

リディア旋法は減５度のあるフリギア旋法に

ミクソリュディア旋法はエオリア旋法に

エオリア旋法はミクソリュディア旋法に

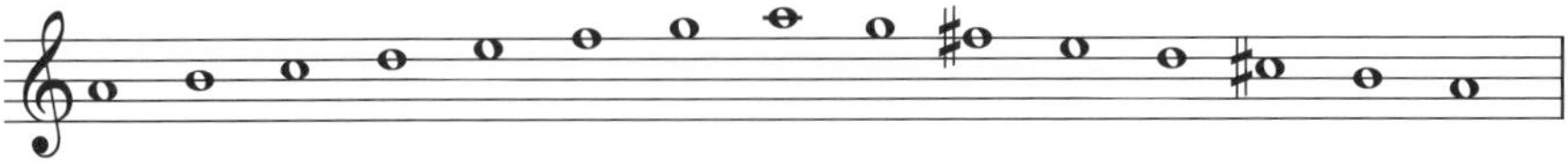

長調はフリギア旋法に

ペンタトニックの音階

教会旋法

ドリア旋法（長６度のある短調）

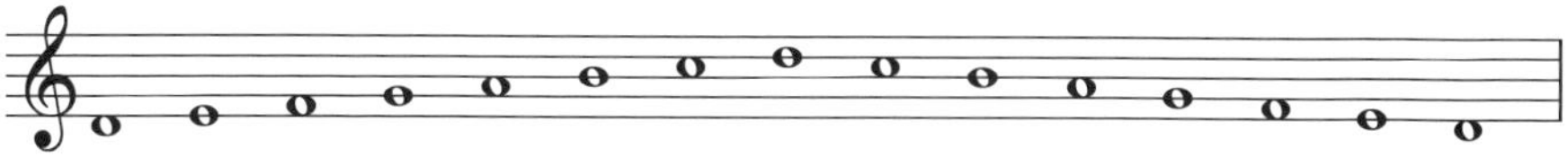

フリギア旋法（短２度のある短調）

リディア旋法（増４度のある長調）

ミクソリディア旋法（短７度のある長調）

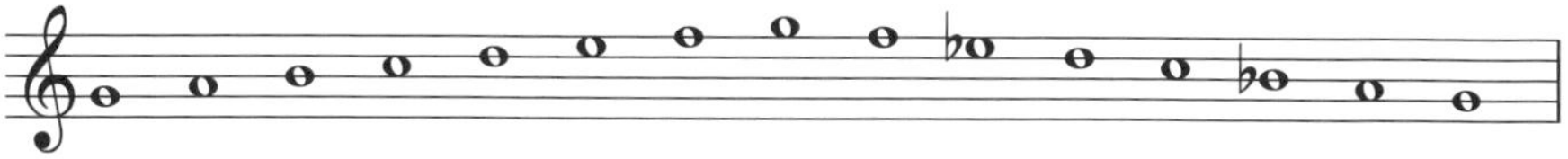

エオリア旋法(短調)

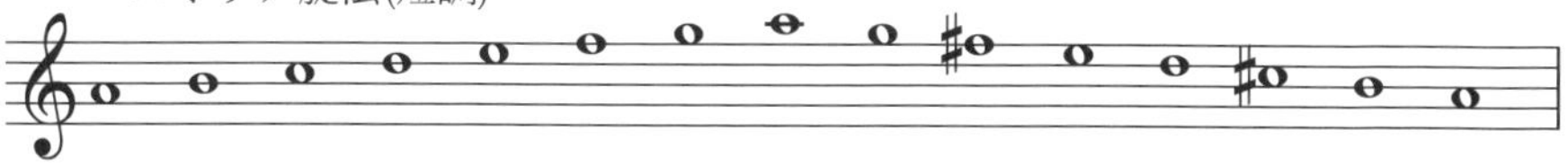

イオニア旋法(長調)

調性と音域

聖ヨハネの賛歌

聖ヨハネの賛歌は、グイード・ダレッツォ(１１世紀)によって作られました。その目的は、当時使用されていた音階の音（ヘクサコードの６つの音）に、歌詞の各半行の冒頭にある言葉を使って名前をつけることでした。音階は、全音または半音ずつ高くなっていきます（ウト、レ、ミ、ファ、ソル、ラ）。後に、この呼び方は６つの教会旋法の音名に使われるようになりました。

聖ヨハネの賛歌の歌詞から、１１世紀には、霊的な世界における音楽の原型と耳で聞こえる響きとの関係についての知識が、まだ残っていたことがわかります。このような観点から、ルドルフ・シュタイナーはラテン語の歌詞を次のようなドイツ語に翻訳しました。「貴方のしもべたちが、軽くなった声帯で、貴方の御業の奇跡を歌えるように、地上のものとなった唇（言葉が話せるようになった唇）の罪を贖ってください、聖ヨハネよ。」注1

つまり、現代の抽象的な記譜法は、霊的な観点から生まれたのです。現在、私たちは、書き留められた音楽の冥界を通り抜けて、新しい透明な響きに到達するために、現代文化から生まれる新たな道を再び模索しているのです。

UT que - ant la - xis RE - so - na - re fib - ris
MI - ra ge - sto - rum FA - mu - li tu - o - rum
SOL - ve pol - lú - ti LA - bi - i re - a - tum Sanc - te Io - han - nes

注1： シュタイナー： 秘儀の叡智の光の中の芸術、全集 275, 1914 年12月29日の講演

譜例集・はじめに

　数十年間、音楽療法のセラピストとして活動してきましたが、障害のある子どもや大人からの魂の問いかけに答えようとする中で、たくさんのメロディーや歌やモチーフや響きが生まれ、その中のわずかなものが年月を経て残りました。楽譜にかかれているメロディーは抽象的で、響きの持つ本来の魅力はメロディーの背後に隠れています。メロディーやモチーフの効果（響きの持つ不思議な力）は、集中度、楽器の種類、場所、時といった、具体的条件に左右されます。しかし効果は、そのような条件のもとで、相手の魂との対話の中で生じ、ある期間、忠実に繰り返されることで生まれたものです。そのような効果をもたらすメロディーが、印刷されたものであっても、用いる人の励みになれば幸いです。

カロリン・フィッサー

音楽療法 譜例集

著者・翻訳者・監修者プロフィール

翻訳：楠 カトリン

ドイツ・ブランデンブルグ州出身。ベルリン・フンボルト大学日本学科・翻訳通訳コース卒業。結婚後広島に移住。3 年間翻訳会社に勤務。その後、育児期間を経て 2000 年ごろからフリーランスで翻訳・通訳をスタート、現在に至る。仕事の内容は主に「実務翻訳」、技術から論文や芸術・音楽まで幅広い。シュタイナー関係の音楽ワークショップの通訳を担当した際に本書を知り、翻訳に挑戦した。

翻訳：内山奈美

筑波大学人間学類（心身障害学専攻）卒業後ドイツに留学し、ヴュルテンベルク州教会立エスリンゲン教会音楽大学卒業。教会音楽家資格ディプロマ B 取得。現在は神戸ユニオン教会ドイツ語礼拝オルガニスト。日本オルガニスト協会会員。フリーの通訳者として機械関係・商談・国際交流の他、障がい者福祉や理学療法の通訳も行っている。

監修：竹田喜代子

音楽療法士 (ゲーテアヌム精神科学自由大学医学部門公認)

40 年にわたり、音楽教育に従事。東京シュタイナーシューレ（現学校法人シュタイナー学園）の音楽教師を 12 年間務める。1986 年より障害をもつ子どもの教育に取り組む。近年、医療機関で音楽療法を実施。また、音楽療法者・療法的音楽教育者養成コース「アウディオペーデ（聴く器官の養成）」をドイツ・ベルリン・ハーベルヘーエにある音楽療法士養成学校と提携し、日本初のシュタイナー音楽療法士養成を行っている。

著者：Carolien Visser　カロリン・フィッサー

1919 年オランダ・ハーグで生まれる。ブリュッセル王立音楽院卒業後、ハーグ王立音楽院でバイオリンの研修。バイオリンのディプロマ・マスター。生まれた息子に知的障害があったことから、夫のノルベルト・フィッサーとともに、障がいを持った人々の身体に作用して、本来の身体の機能が戻ってくるような新しい音の楽器の製作を始める。ゾネハウス・ザイストで知的障害のある子供のための音楽療法を開発。その後、知的障害のある若い人のための村の創立に着手。このプロジェクトはラファエル財団という大きな組織に発展し、社会セラピーのためのホームや作業所などを運営している。カール・ヴァイドラーやアニー・フォン・ランゲなどの音楽家、ユリウス・クニーリムなどの音楽学者、社会セラピストなどのとの交友があり、音楽療法士として長く活動。音楽療法について本や記事などを著作多数。

- 1947 年 人智学 (アントロポゾフィー) との初めての出会い。
- 1952 年知的障害がある長男レムコ誕生
- 1962 年ハーレンにて、夫とともに特別な楽器を開発、例えば穴が一つしかないリコーダーや小型で簡単なライヤーなど。
- 1962-1966 年シュタイナー学校で音楽を教える。ゾネハウス・ザイストで知的障害のある子供のための音楽療法を開発。
- 1972 -1973 フリッツ・ヴィルマーのもとで療法教育を研究。
- 1966- 1994 スコーレヴァルトにて音楽療法士として活動。

＊　＊　＊

2014 年夏、カロリンさんはこの本がもうすぐ出版されることをご存じで、日本で役立つことを確信されて永眠されました。カロリンさんの魂が平安を得られ、新たな命につながりますように。ご冥福をお祈りいたします 。イザラ書房

シュタイナー・音楽療法
発行日　2014年9月18日　初版第一刷発行
　　　　2017年9月18日　　　第二刷発行
＊　＊　＊

著者　　カロリン・フィッサー
翻訳　　楠カトリン／内山奈美
監修　　竹田喜代子
装丁　　赤羽なつみ
協力　　コロイ社／おもちゃ箱
発行者　村上京子
発行所　株式会社イザラ書房
〒369-0305
埼玉県児玉郡上里町神保原町569番地
Tel.0495-33-9216　Fax.047-751-9226
mail@izara.co.jp　http://www.izara.co.jp
印刷・製本　株式会社シナノパブリッシングプレス

ISBN 978-4-7565-0126-4　C0011